Barbara Schwarz

Der Isarwinkel und Bad Tölz

Achenseer - Berge
Berge des Isarwinkels
in

Barbara Schwarz

Der Isarwinkel und Bad Tölz

Ein einzigartiges Stück Bayern

in Zusammenarbeit mit Gregor Schwarz
mit Beiträgen von Alois Ostler

Volk Verlag München

Vorhergehende Doppelseite: Blick vom Bürgergarten in Bad Tölz in den Isarwinkel, Zeichnung von Franz Schiedermair, 1925

Für Stephanie, Gregor und Leonhard

Die Deutsche Bibliothek verzeichnet diese Publikation in der Deutschen Nationalbibliografie; detaillierte bibliografische Daten sind im Internet über http://dnb.ddb.de abrufbar.

Tel.: 0 89/420 79 69 80; Fax: 0 89/420 79 69 86

Druck: Ludwig Auer GmbH, Donauwörth

ISBN 978-3-937200-90-3
www.volkverlag.de

Inhalt

Vorwort

Isarwinkel – Erlebniswelt für Körper und Geist

Als ich gebeten wurde, ein Vorwort für ein Buch über den Isarwinkel zu schreiben, habe ich natürlich spontan zugesagt. Bin ich doch ein Kind des Isarwinkels und hier tief und fest verwurzelt. Und so gerne ich auch andere Länder bereise, freue ich mich doch immer, wenn ich wieder hierher zurückkomme. Denn der Isarwinkel ist meine Heimat. Hier schlägt mein Herz.

Aber was ist wirklich das Besondere am Isarwinkel? Für mich persönlich ist es die Symbiose von einer reichen, wunderschönen Kulturlandschaft, einer von kulinarischen Schmankerln nach altüberlieferten Hausrezepten geprägten Küche und seinen liebenswerten Menschen. Menschen mit besonderem Charakter, die für eine über Jahrhunderte gewachsene Verbindung aus Bodenständigkeit und Weltoffenheit stehen. Menschen, die Freude empfinden über die Harmonie von Landschaft und dem, was von Menschenhand geschaffen wurde. Menschen, die sich ihrer Tradition und Kultur bewusst sind und die dieses Bewusstsein wie eine Fackel von Generation zu Generation weitergeben. All diese Menschen finden mit dem Isarwinkel ein wahrlich herrliches Fleckchen Erde.

Hier gibt es alles: Berge und Flüsse, Wälder und Wiesen, denkmalgeschützte Gebäude und innovative architektonische Lösungen. Vor allem aber viel Natur und gute Luft. Zusammengefasst: Ein schönes Leben! Das

jedenfalls geht mir jedes Mal durch den Kopf, wenn ich meinen Lieblingsplatz besuche, den Kalvarienberg in Bad Tölz. Mit dem Rücken zur doppeltürmigen Kirche, jährlich frommes Ziel der Leonhardiwallfahrer, gleitet von hier der Blick über die wellige, liebliche Landschaft zu beiden Seiten der grünen Isar, wird empor geführt zu zartgrünen Wiesen sanfter Hänge, zum dunkelsatten Grün leichter Waldhöhen. Dann schließen die Bergrücken des Kirchstein, des Juifen und der Demmelspitze das breite Tal, die steilen Mauern der Benediktenwand ragen aus dem Dunst empor und, schon aus lichteren Fernen, schimmern die Schneeflächen des mächtigen Karwendel.

Aber all dies allein macht es nicht aus. Es ist wie immer im Leben: Das Herz entscheidet. Für mich ist der Isarwinkel Heimat. Nichts anderes könnte das ersetzen.

Beim Betrachten dieses Buches wurden viele Kindheitserinnerungen wieder wach. Denn mit den meisten Bildern und Geschichten verbindet mich ein persönliches Erlebnis. Für mich ist deshalb das Buch von Bärbel und Gregor Schwarz so etwas wie eine Erlebniswelt für Körper und Geist. Ich bin sicher, dass es vielen Isarwinklern so gehen wird wie mir und es vielen Nicht-Isarwinklern dieses liebens- und lebenswerte Stück Heimat näherbringt.

Josef Niedermaier
Landrat, Landkreis Bad Tölz-Wolfratshausen

Einleitung

Von seiner grünen Lebensader, der Isar, erhält der Isarwinkel nicht nur seinen Namen, sondern auch seinen einmaligen Charakter. Wie der Fluss sich wandelt – rauschend und wild in den Bergen, gezähmt und begradigt auf dem Weg nach München – verändern sich auch die Orte, Landschaften und Menschen des Isarwinkels.

Der Leser begibt sich mit dem vorliegenden Buch auf die Reise entlang der Isar und erlebt dabei einzelne charakteristische Stationen des Isarwinkels in all ihrer Ursprünglichkeit und Eigenart. Atmosphärische Bilder, lyrische Passagen und inhaltsreiche Texte machen die Reise zu einem Erlebnis für alle Sinne.

Neben den wichtigsten Isarorten enthält das Buch Ausflüge auf einsame Berge zu idyllischen Almen, zum geheimnisvollen Walchensee, in die schöne Jachenau und zu stillen Mooren und Seen.

Historische Texte und Bilder aus dem Isarwinkel schaffen darüber hinaus einen unmittelbaren Zugang zum dort stattgefundenen Alltag und alte Küchenrezepte aus Familientradition erlauben das Nachkochen regional typischer Speisen.

Dieses Porträt des Isarwinkels nimmt seinen Anfang am Halleranger in Tirol, wo die Quellen der Isar liegen. Von dort setzt sich der Weg fort nach Scharnitz, weiter vorbei an den Kindheitserinnerungen Ludwig

Thomas in Vorderriß, schließlich, nach einem kurzen Aufenthalt in Fall und dem Sylvenstein über Lenggries ins Herz des Isarwinkels, nach Bad Tölz.

Hier wird ausführlich Halt gemacht, um sich der Geschichte und dem Brauchtum des Ortes zu widmen, spielte Bad Tölz doch durch die Salzstraße und Flößerei eine wichtige Rolle als Handelsstandort. Bis heute gilt die Stadt als kulturelles Zentrum voller ungebrochener Traditionen und altbayerischer Bräuche als die Perle des Isarwinkels. Durch seine geographische Lage zwischen dem Karwendel und Bayerns Landeshauptstadt München befindet sich Bad Tölz am Schnittpunkt zwischen Ursprung und Kultur. Dieses Mittendrin zwischen unberührter Natur, alter Tradition und Moderne macht die Stadt zu einem Kleinod im oberbayerischen Raum.

Abschließend wünschen wir uns, dass dieses Buch den Leser auf seiner langsamen Reise durch das Isartal das Besondere an diesem Landstrich und seinen Menschen erkennen lässt und der Schönheit und Kraft des Isarwinkels durch diesen Bildband ein wenig nachgespürt werden kann.

Barbara Schwarz & Gregor Schwarz

Karwendel und Oberes Isartal

Vom Hallerangergrund zum Sylvensteinspeicher

Der Name der heutigen Isar leitet sich vom keltischen Wort „Isara“ ab und meint „die sich heftig schnell Bewegende, die Reißende“. In allen Siedlungsgebieten der Kelten fließt eine Isar, Iser, Isarco oder Isere.

Im Karwendelgebirge, auf 1.700 m Höhe am Halleranger, sprudeln umgeben von Enzianen, Almrosen und Latschen unter der Speckkarspitze einige kleine Bächlein und Quellen zusammen. Unter dem Namen Lafatscherbach rauschen sie dann ins Tal. Beim sogenannten Isar-Ursprung gesellen sich noch weitere Bäche dazu und nun plätschert bereits die Isar durch den üppigen Talgrund, in dem Trollblumen, Pestwurz und Sommerblumen wuchern und schwarze Bergsalamander über den Weg ziehen. Kurz vor Scharnitz fließt aus einer Schlucht der Karwendelbach in die eisige Isar. Der junge Fluss strömt nun wild aus dem Karwendelgebirge nach Scharnitz.

Wegen seiner Lage auf der Passhöhe verlief die Römerstraße Via Raetia, später Via Claudia, an Scharnitz vorbei über die Alpen. Im 11. Jahrhundert verlief hier die Grenze der Fürstbistümer Brixen und Freising. An einem alten Saumpfad durch das Gebirge oberhalb der Isar und über der Ortschaft Scharnitz, kann man heute noch die „Porta Claudia“, eine Festungsanlage zur Kontrolle des Alpenpasses aus dem 17. Jahrhundert, bewundern. Auf der einst unwegigen Handelsstraße verläuft heute ein Radweg.

Vorhergehende Doppelseite: das Isartal zwischen Wallgau und Vorderriß, rechts im Hintergrund die Zugspitze

Linke Seite: Blick von der Hallerangeralm, oberhalb der Isarquellen, zur Kapelle und zum Kleinen Lafatscher (2.635 m)

Porta Claudia bei Scharnitz. Die Erzherzogin von Tirol, Claudia von Medici, ließ 1633 zum Schutz vor den Schweden in Scharnitz Festungswerke errichten. Bei den Tiroler Freiheitskämpfen 1801 und 1804 gegen die Franzosen und Bayern waren hier erbitterte Kämpfe

Der sogenannte Isarursprung in der Nähe der Kastenalm

Durch blühende Alpenflora führt ein Spazier- und Radlweg immer wieder entlang der Isar zum Geigenbauort Mittenwald. Malerisch liegt der schon im Mittelalter berühmte Markt (200 Jahre lang Bozner Markt) eingebettet zwischen Karwendel- und Wettersteingebirge. An der antiken Handelsstraße „Via Raetia" zwischen Augsburg und Venedig gelegen, zogen zu Fuß und auf Flößen Kaiser, Könige, Händler, Pilger und Künstler über die Alpen und nach Wien. Bis heute hat der Markt seine Eigenheit bewahrt, sowohl in der Architektur und der Tracht als auch im Brauchtum. Durch den berühmten Geigenbau seit dem 17. Jahrhundert und die Lüftlmalereien an den Hausfassaden von den Künstlern Karner, Zwink und Pfeffer ist der Ort weltweit bekannt. Mittenwald, an der Rottstraße – einem wichtigen Handelsweg im Mittelalter – gelegen, wurde ein wichtiger Knotenpunkt zwischen Venedig und den blühenden Reichsstädten Augsburg und Nürnberg. Die Isar als Wasserstraße nutzten schon Mittenwalder Flößer seit dem 13./14. Jahrhundert als Handelsweg. Transportgut waren, neben wertvollen Waren aus Italien wie Wein, Öl, Südfrüchte, Gewürze, kostbare Seiden-, Samt- und Baumwollstoffe auch Erzeugnisse der Heimat, z. B. Holz, Holzkohle, Kalk, Steine, roter Marmor und die Erzeugnisse der Mittenwalder Geigenbauer. Das letzte Floß von Mittenwald nach

Aus dem Hinterautal fließt die junge Isar, genannt Lafatscher Bach, gespeist von mehreren Bächen ins Tal

Fresko aus dem Jahre 1767 von einem Mittenwalder Lüftlmaler mit der Schwarzen Madonna von Altötting

Fresko vom Bozner Markt in der Ballenhausgasse in Mittenwald. Fresko vom Maler und Bildhauer Sebastian Pfeffer geb. 1936 in Mittenwald, er führt seine Arbeiten in der alten Arbeitsweise, mit Mineralfarben in der Fresko-Secco-Technik aus. Zwischen 1487 und 1679 verlegten die Venezianer ihren Warenumschlagplatz von Bozen nach Mittenwald. Der Ort vergrößerte sich, Häuser mit großen Gewölben für die ankommenden Waren und weitere Gasthäuser wurden errichtet

München fuhr 1905. Auch Personenflöße gab es später noch gelegentlich. Doch durch die Eisenbahnanbindung von München bis Mittenwald und den Bau des Walchenseekraftwerks 1924 kam der Floßverkehr zum Erliegen. Der bekannte Bauingenieur Oskar von Miller, Gründer des Deutschen Museums in München, leitete 1924 den Bau des Walchenseewerks. Seitdem werden beim Krüner Wehr ca. 25 m³ Isarwasser abgeleitet und durch den Berg in Rohren zum Walchensee geführt.

Der frühere Wildfluss fließt an Wallgau vorbei und wechselt von seiner Nord-Richtung nach Osten. Bei Dürre war die Isar zwischen Krün und dem Sylvensteinspeicher nahezu ausgetrocknet. Durch Betreiben des Vereins „Rettet die Isar jetzt" wird seit 1990 am Krüner Wehr aus ökologischen Gründen ein Restzufluss von mindestens 4 m³ pro Sekunde rückgeleitet.

Besonders idyllisch sind die Ausblicke auf der Mautstraße zwischen Wallgau und Vorderriß mit immer neuen Blickpunkten auf die grüne Isar und ihr steiniges Bett. Hier beginnt nun der Isarwinkel und zieht sich links und rechts der Isar, von der österreichischen Seite im Süden bis in den Norden nach Bad Tölz.

Entlang der Hangseite finden sich seltene Blumen und Eiszeitrelikte wie Aurikel, Silberwurz, Enziane, Maiglöckchen, Steinröserl und viele Alpenschwemmlinge. Bei Vorderriß kommt aus dem Enger Grund der Rißbach (wenn er Wasser hat) und vereinigt sich mit der Isar. Nach Vorderriß präsentiert sich die Isar mit einem richtigen Wildwasserbett mit zahlreichen Bächen, Rinnsalen und Kiesinseln. Bevor sie in den Sylvensteinspeicher fließt, versperrt ihr nun ein Geschiebedamm den Weg, damit der See sich nicht mit Kies auffüllt.

Die Isar zwischen Wallgau und Vorderriß, bei jedem Hochwasser schuf sie eine neue Flussrinne und ein breites Schotterbett

Rechte Seite: Die Isar in der Nähe von Vorderriß, bei Hochwasser werden die Uferanbrüche ausgeschwemmt

Ich sehn mich nach der Isar Strand.
Ich sehn mich nach den dunklen Bäumen,
Ich sehn mich nach dem grünen Fluß,
Der leis in meinen Abendträumen
Gemurmelt seinen Abschiedsgruß

Kaiserin Elisabeth, genannt Sisi, im Mai 1858

Oben links: Frühlings-Enzian (Schusternagerl)
Oben rechts: Bergaurikel (Gamsbleame)
Unten: Gestreifter Seidlbast (Steinröserl), sehr selten, alle drei stehen unter Naturschutz

Rechte Seite: Rißbachdelta bei Vorderriß. Wegen der Rißbachableitung in den Walchensee, in der Nähe der Oswaldhütte, hat „die Riß“ die meiste Zeit des Jahres kein Wasser. Im Hintergrund der Vorderskopf (1.864 m) und ganz hinten das Karwendel

„Um mich ist die Heimat" – Ludwig Thoma und seine Kindheit in Vorderriß

„Mein Heimatdorf liegt auf einem langgestreckten Hügel, der auf waldige Vorberge stößt. Dahinter bauen sich die Felsenwände des Karwendels eine hinter der anderen auf."

Ludwig Thoma, Erinnerungen

Der Vater von Ludwig Thoma war Oberförster in der Vorderriß, am Beginn des Isarwinkels, dort, wo der Rißbach in die Isar mündet. Es gab nur wenige Häuser in dem Weiler: auf der Anhöhe das von König Max II. erbaute Königshaus, das Forsthaus, daneben die Kapelle. Dazu noch Nebengebäude für die Forstarbeiter und Jägergehilfen sowie Stallungen. Bei der Einmündung des Rißbaches lagen eine Schneidsäge und ein kleines Bauernhaus. Das Gasthaus unter der Anhöhe kam erst 1870 dazu. Ludwig Thomas Vater Max und seine Mutter Katharina Thoma, geb. Pfeiffer, führten diesen Gasthof bis 1873.

Thoma beschreibt in seinen Erinnerungen seine Kindheit: *„Im Januar 1867 besuchte meine Mutter ihre Schwester Marie Lang in Oberammergau, um im Verlegerhause ihre Niederkunft abzuwarten, denn sie getraute sich nicht, in der Riß zu bleiben, weitab von jeder Hilfe, die bei starkem Schneefalle überhaupt nicht erreichbar gewesen wäre. Am 21. Januar gegen Mittag kam ich zur Welt, und meine Verwandten erzählten mir, ich hätte gerade, als sie von der Schule heimkamen, so laut geschrien, dass sie mich schon auf der Straße hörten."*

„Meine ersten Erinnerungen knüpfen sich an das einsame Forsthaus, an den geheimnisvollen Wald, der dicht daneben lag, an die kleine Kapelle, deren Decke ein blauer, mit vergoldeten Sternen übersäter Himmel war. Wenn man an heißen Tagen dort eintrat, umfing einen er-

Vorhergehende Doppelseite: Vorderriß mit Rißbachdelta bei Hochwasser, ganz rechts fließt die Isar vorbei. Auf der Anhöhe hinter den Bäumen befinden sich drei Gebäude: das von König Max II. erbaute Königshaus, in dem Ludwig II. öfters weilte, das Forsthaus, in dem Ludwig Thoma aufwuchs, und die Kapelle. Im Hintergrund der Vorderskopf und das Karwendelgebirge

Ludwig Thoma mit seiner Schwester Luise im Jahre 1875

Letzte Aufnahme von Ludwig Thoma im Mai 1921 mit seiner Geliebten, Maidi von Liebermann

frischende Kühle und eine Stille, die noch stärker wirkte, weil das gleichmäßige Rauschen der Isar deutlich herauftönt. Hinterm Haus war unter einem schattigen Ahorn der lustig plätschernde Brunnen ganz besonders merkwürdig und anziehend für uns, weil in seinem Granter gefangene Äschen und Forellen herumschwammen, die sich nie erwischen ließen, so oft man auch nach ihnen haschte.“

Neben dem Forsthaus befindet sich noch heute das Königshaus, erbaut von Max II., in dem die Könige von Bayern bei ihren Jagden Quartier bezogen. In der einsamen, abgelegenen Welt der Riß fühlte sich auch König Ludwig II. wohl. Oft weilte er sechs Wochen im Königshaus, bis Schloss Linderhof erbaut wurde, und so schreibt Thoma über seine Begegnungen als Kind mit dem König:

„Die Forstgehilfen und Jäger mit meinem Vater an der Spitze stellten sich auf; meine Mutter kam festlich gekleidet mit ihrem weiblichen Gefolge, und auch wir Kinder durften an dem Ereignis teilnehmen. Das Gattertor flog auf, Vorreiter sprengten aus dem Walde heran, und dann kam in rascher Fahrt der Wagen heran, in dem der König saß, der freundlich grüßte und seine mit Bändern verzierte schottische Mütze abnahm. Meine Mutter überreichte ihm einen Strauß Gartenblumen oder Alpenrosen, mein Vater trat neben sie, und in der lautlosen Stille hörte man ein leise geführtes Gespräch, kurze Fragen und kurze Antworten. Dann fuhr der

Linke Seite: Ehemalige Mühle mit Fresken von Franz Karner aus Mittenwald von 1794

Rokokofresko Maria Immaculata und Hl. Georg

Wagen im Schritt am Haus vor, der König stieg aus und war bald, gefolgt von diensteifrigen Männern in blauen Uniformen, verschwunden. In uns Kindern erregte die Ankunft des Königs stets die Hoffnung auf besondere Freuden, denn der freundliche Küchenmeister versäumte es nie, uns Zuckerbäckereien und Gefrorenes zu schenken, und das waren so seltene Dinge, daß sie uns lange als die Sinnbilder der königlichen Macht und Herrlichkeit galten.“

Öfter dachte Ludwig Thoma an seine Kindheit im einsamen Vorderriß zurück, an die Jäger, Wilderer und Forstarbeiter, an die Kinderfrau Viktoria Pröbstl, mit ihren schönen Einschlafgeschichten, an die wilden Flößer, die oft Brotbrocken ins Bier eintauchten und den Kindern gaben, an die schwarzen Kohlenbrenner, die unheimliche Geschichten erzählten. Dazu die rauschende Isar, die Berge und die dunklen Wälder, sie alle prägten seine Sprache, sein Leben und Schaffen. Die „Heilige Nacht“ hat er im Isarwinkler Dialekt geschrieben. Auch die Wilderergeschichte von den „Halsenbuam“ hat er in seiner Kindheit in der Riß gehört und später nacherzählt.

Für seine Kinder wollte Vater Max Thoma einen geordneten Schulunterricht und so hat er die Idylle in der Riß aufgegeben und 1873 die Parkmeisterstelle in Forstenried übernommen. Ein Jahr später stirbt Max Thoma. Ludwigs Mutter geht mit ihren sieben un-

Alpenrose (Almenrausch) wächst in höheren Bergregionen, geschützt

Auf dem Einband seiner Erinnerungen ließ Ludwig Thoma die Kohlenmeiler aus der Vorderriß mit Forsthaus abbilden

Rechte Seite: Vorderriß mit Gasthof, der von Ludwig Thomas Eltern, Max und Katharina Thoma, bewirtschaftet wurde. Vorne fließt die Isar

mündigen Kindern nach Prien am Chiemsee und pachtet dort den Gasthof Kampenwand. Die zugrundeliegenden Szenen zu Thomas Lausbubengeschichten stammen wahrscheinlich aus dieser Zeit.

Ludwig Thoma studierte später in München und Erlangen Jura und arbeitete als Rechtsanwalt beim königlichen Amtsgericht in Dachau und in München. Nebenbei schrieb er für die Augsburger Tageszeitung. Er fand Anschluss an die satirische Zeitschrift „Simplicissimus". Unter dem Pseudonym Peter Schlemihl wurde er dort ständiger Redakteur. 1907 baute er sich nach Plänen seines Freundes Ignatius Taschner auf der Tuften, oberhalb des Tegernsees, ein Haus. Es entstanden viele Geschichten, Einakter, Komödien und Romane, z.B. „Die kleinen Verwandten", „Erster Klasse", „Moral", „Andreas Vöst", „Magdalena", „Altaich", „Der Wittiber", „Der Jagaloisl".

Im Tegernseer Tal lebte er inmitten seiner Freunde, dem Dichter- und Jägerfreund Ludwig Ganghofer, dem norwegischen Maler Olaf Gulbransson und dem Sänger Leo Slezak. Seine große Liebe war Maidi von Liebermann, der er viele Briefe schrieb und mit „Dein Jager-Lucke" unterzeichnete. Mit dem Volksmusiksammler und Gelegenheitsschauspieler Kiem Pauli radelte er des Öfteren in die stille und abgeschiedene Vorderriß. Am 26. August 1921 starb Ludwig Thoma in seinem Haus an der Tuften in Tegernsee.

Fall und der Sylvensteinspeicher

„Früher, vor Jahren, suchte (die Isar) nicht so gemütlich ihren Weg. Da grollte, brauste und toste sie in ihrem steinernen Bett …, mit wilder Gewalt zwängte sie ihre Wassermassen durch die einengenden Steinklötze der beiden Ufer und stürzte sie dann hinab, schäumend und wirbelnd über drei aufeinanderfolgende Fälle".

Ludwig Ganghofer, „Der Jäger von Fall"

Der Ort Fall verdankt seinen Namen dem Wasserfall, der Faller Klamm, die in der Nähe des Dorfes den Wasserlauf der Isar einengte. Es war eine gefährliche Barriere für die Flößer, die ihre Waren aus Italien und Mittenwald ohne Schaden nach München oder Wien bringen mussten. Auch tödliche Unfälle ereigneten sich an dieser Engstelle, sodass man des Öfteren den Felsen sprengen musste, um die Gefahr zu entschärfen. Im Urbar des Herzogs von Bayern wird Fall schon 1280 erwähnt. Die benachbarten Landesfürsten von Tirol und Bayern einigten sich 1493 auf die Grenzziehung, wie sie heute noch besteht. Mit einem gewaltig behauenen Stein wurde die Grenze im Demmeljochgebiet vermarkt, er trägt neben der Jahreszahl 1557 das bayerische und das Tiroler Wappen, die weiß-blauen Rauten und den roten Adler.

Inmitten der kleinen Ortschaft Fall standen der Schöttlhof und der Rieschenhof, dazu gesellte sich schon vor 1568 die Marienkapelle, später kamen noch das Pfarrhaus, eine kleine Schmiede, Holzer- und Köhlerhütten, ein Kramerladen und die Schule dazu. Der Schöttlhof wurde später zum Forstamt, der Rieschenhof eine Gastwirtschaft, und der „Fallerhof" war geselliger Mittelpunkt für Jäger, Flößer, Holzknechte und Wanderer. Eine gewaltige Menge an Bier wurde jedes Jahr getrunken, über 900 hl lieferte um 1900 allein der Bruckbräu von Tölz.

Flößer bei Fall kurz vor der gedeckten Brücke, um 1930

Die Schneeheide wächst auf kalkhaltigem Gestein gleich nach der Schneeschmelze

Rechte Seite: Einfluss der Isar in den Sylvensteinspeicher, dahinter der Schwarzberg

Ludwig Ganghofers Vater hatte seinem Sohn zur bestandenen Promotion eine Jagderlaubnis fürs Gebirge zur Gamsjagd geschenkt. 1879 erlegte Ludwig Ganghofer seinen ersten Gamsbock, ein Jahr später einen Hirsch und einen Auerhahn. In seinem Jagdbuch erzählt er, dass ihm die Hochgebirgsjagd *„das Blut viel heißer machte, als der ganze Theaterkram."*

„Der Forstmeister von Tölz nahm mich zur Gemsbrunft mit nach Fall … Die Bergfreude rumorte in mir. Und natürlich war ich auch ‚echt' kostümiert: Hemd mit offener Brust und kurze Hose mit nackten Knien bei Schnee und fünf Grad Kälte. An den Füßen schwergenagelte Flöße, die mich drückten, und auf dem Buckel eine geliehene Büchse. Am zweiten Tag sahen meine beiden Knie wie geschälte Blutorangen aus, von denen es immer rot heruntertröpfelte. Aber fein war's! Die Schönheit der Berge wurde für mich zu einem gesteigerten Wunder des Lebens, die Jagd zu einem fröhlichen Dolmetsch der Natur. Ich begann der Natur gegenüber anders zu sehen, anders zu fühlen als früher. [Den Gemsbock wollte Ganghofer dann in München verkaufen.] *Und nun denke man sich das Aufsehen, das ich verursachte, als ich an einem der ersten Dezembertage mit offener Brust und mit nackten Knien stolz meinen Gemsbock im Rucksack vom Bahnhof durch die Kaufingerstraße und über den Residenzplatz zur Schönfeldstraße trug!"*

Linke Seite: Die Sylvensteinbrücke, 1956 erbaut

Alt-Fall mit Gasthof, um 1950

Prinzregent Luitpold am Hühnerberg, um 1905, mit den auf der Jagd erlegten Gemsen

Im Wilderer-Roman „Der Jäger von Fall" gibt Ludwig Ganghofer einen Eindruck von der Lebensweise der Menschen, die damals in Fall lebten. 1950 wurde der Roman an den Originalschauplätzen verfilmt.

„Am lautesten war es, wenn des Abends die Schatten niederstiegen über die Berge; dann füllte sich die geräumige Gaststube des Wirtshauses mit Köhlern und Flößern, die Jagdgehilfen kamen hinzu, ebenso die Holzknechte, die in den benachbarten Bergen arbeiteten. Durch die offenen Fenster schollen dann vergnügte Lieder hinaus in die Abendluft, die Zither klang, verstärkt durch die schnarrenden Töne einer Gitarre oder einer Mundharmonika und der Fußboden dröhnte unter dem Stampftakt des Schuhplattltanzes."

Die Jagd hat Fall berühmt und bekannt gemacht. Im neuen Königreich Bayern 1806 wurden die Rißer und Faller Berge in die Hofjagd-Reviere einbezogen. König Max II., Prinzregent Luitpold und der Dichter und Volksmusiksammler Franz von Kobell jagten oft in Fall. Nach dem Ende der Monarchie weilte Reichspräsident Paul von Hindenburg im Faller Revier zur Gamsjagd. Die Rotwildfütterungen werden zur Hofjagdzeit ihren Anfang genommen haben und sie gibt es auch heute noch. Der letzte Bär wurde 1807 in der Riß erlegt. Im 19. Jahrhundert wechselten noch Bären von Tirol nach Bayern, auch der Bär „Bruno" durchquerte 2006 das Gebiet um den Sylvensteinspeicher.

Pausenspiel der Schulkinder vor dem Forstamt

Das letzte Haus von Alt-Fall, das Beamtenwohnhaus, unter Wasser. Es wurde überflutet und dann im April 1959 gesprengt

Rechte Seite: Im Hintergrund der Geschiebedamm, dort wird die Isar durch Rohre geleitet und fließt ohne Steine und Sand in den Sylvensteinspeicher.

Das alte Fall, mit insgesamt etwa 20 Häusern und einer Kapelle, einst die letzte bäuerliche Ansiedlung im Isartal, gibt es heute nicht mehr. Von 1954 an wurde mit dem Bau des Sylvensteinspeichers begonnen, um Energie zu gewinnen und die Städte isarabwärts vor Hochwasser zu schützen. 1959 war das gewachsene alte Dorf Fall verschwunden – von den Fluten überspült. Die Wälder wurden auf Normalstauhöhe von 752 m ü.N.N. gerodet, die neuen Straßen an den Berghängen und über der Klamm herausgesprengt. Zwischen Hennenköpfl und Sylvensteinwand wurde der rund 41 m hohe Sylvensteindamm als Talsperre errichtet. Drei Zuläufe füllten das Talbecken auf, die Walchen, die Dürrach und die Isar. Die S-förmige Klammbrücke wurde zum Prunkstück des fjord-ähnlichen künstlichen Stausees.

Für die Bevölkerung war es ein schweres Schicksal. Die Bewohner Falls mussten ihre angestammten und lieb gewonnenen Häuser räumen und zum Teil nach Neu-Fall, auf der Anhöhe in direkter Nachbarschaft zum See, umziehen. Die alten Häuser von Fall wurden abgetragen und gesprengt. Fenster- und Türstöcke verwendete man für den vorläufigen Wiederaufbau des von Bomben zerstörten München. Trotz anderslautender Geschichten sieht man heute vom alten Fall nichts mehr.

Der Sylvensteinspeicher, die Isar und die dazugehörige Auenlandschaft liegen im

Linke Seite: Alt-Fall, das Ober-und Unterdorf mit der neu erbauten Brücke. In der Mitte der Einfluss der Isar, links der Dürrach-Einfluss, um 1957

Waldarbeiter vor dem Kramerladen, 1956

Landschafts- und Naturschutzgebiet. Auf den trockenen Schotterbänken haben viele Tier-und Pflanzenarten ihren Lebensraum: wie der Flußuferläufer, der Regenpfeifer, die Schnarrheuschrecke und die sonnenhungrige Kreuzotter. Nach den Eiszeiten siedelten sich Pflanzen an, wie Schneeheide, Silberwurz, Gemskresse, Alpengänsekresse, Herzblättrige Kugelblume, Stengelloser Enzian. Die seltene Deutsche Tamariske, die Schwarzwerdende Weide, der Wacholder und auch verschiedene Orchideen sind hier anzutreffen.

Vor dem großen Pfingsthochwasser im Jahre 1999 wurde der Damm aus Sicherheitsgründen um 3 m erhöht. Im Hinblick auf den Hochwasserschutz, eine ausreichende Wasserführung und die Grundwasserregulierung hat der Damm den Bewohnern des Isartals gute Dienste erwiesen. Die Seefläche beträgt bei Normalstau 3,98 km^2 und deren durchschnittliche Wassertiefe 27 m. Die beiden Wasserkraftwerke erzeugen eine jährliche Stromleistung von ca. 25 Mio. kWh.

Heute zieht der Sylvensteinspeicher viele Erholungssuchende und Ausflügler an. Mit der Dammerhöhung wurde auch der Isarradweg von München bis zum Damm gebaut. Für Kajak-, Schlauchbootfahrer und Raftingboote stellt die Isar vom Speicher flussabwärts eine beliebte Strecke dar. Die Auen an der Isar bieten Naturfreunden eine vielfältige Freizeit- und Erholungsmöglichkeit.

Linke Seite: Abendstimmung am Sylvensteinspeicher

Herbst am Sylvensteinspeicher bei der Dürrach-Einmündung

Folgende Doppelseite: Die Sylvensteinbrücke, im Hintergrund der schneebedeckte Schafreuter (2.101 m)

Steinpilze

mit Butterbrot und Feldsalat

- 2 feste Steinpilze putzen
  und nicht zu dünn schneiden
- 20 g Butter
- Petersilie
- 120 g Feldsalat
- Saft einer halben Zitrone
- Olivenöl und etwas Kürbiskernöl
- Ein Löffel Balsamico-Essig
  oder selbstgemachter Himbeeressig
- Eine Messerspitze Senf
- Salz, Pfeffer und eine Prise Zucker

Zuerst das Dressing aus Zitrone, Öl, Essig, Senf, Salz, Pfeffer und Zucker für den Feldsalat zubereiten. Steinpilze in Butter braten, danach salzen, pfeffern und kleingeschnittene Petersilie darüber streuen. Den Feldsalat in der Marinade mischen, Steinpilze auf den Feldsalat geben und gleich servieren. Dazu Schwarzbrot mit Butter reichen.

Bad Tölz – Herz des Isarwinkels

Vor- und Frühgeschichte im Isarwinkel

Die abwechslungsreiche Landschaft im Isarwinkel wurde hauptsächlich durch die letzte, vor etwa 115.000 Jahren beginnende Eiszeit geprägt. Der Isar-Gletscher, welcher vom Karwendelgebirge bis kurz vor München reichte, schob gewaltige Eismassen durch den heutigen Isarwinkel. Diese sogenannte Würmeiszeit endete vor 10.000 Jahren.

Nach dem Rückzug der Gletscher vor über 15.000 Jahren konnte sich in der einsetzenden Warmzeit auf Moränenschutt und entwässerten Tälern Vegetation entwickeln. Durch das Abschmelzen des Eises entstanden große Seen, gestaut von Toteis-Blöcken und Rückzugsmoränen. In diesem Tundren-Klima wuchsen zunächst nur Flechten, Moose und Zwergsträucher. Heute können wir im Isartal Relikte dieser Zeit wie Silberwurz, Enzian, Moosbeeren und Riedgräser bewundern.

Die ersten Bewohner im Isartal waren Jäger und Sammler. Dies belegen Funde einer Steinaxt aus der Jungsteinzeit um 3500 v. Chr. am Ufer des Walchensees bei Zwergern, einer Pfeilspitze bei Reichersbeuern aus der Bronzezeit, eines Schwertknaufs bei Kirchbichl und einer Lanzenspitze auf der Rauhalpe bei Lenggries. In der Nähe der Ortschaften Gaißach, Reichersbeuern und Ellbach fand man Hügelgräber, deren Entstehung ebenfalls in die Spätbronzezeit um 1400 v. Chr. fallen.

Vorhergehende Doppelseite: So könnte es vor 20.000 Jahren ausgesehen haben. Der Isargletscher wälzte sich in der letzten Eiszeit bis nach Schäftlarn vor. Nur die höheren Gipfel (Nunataker) blieben frei

Eine kupferne Fibel und ein Ring aus Bestattungsbeigaben in Ascholding (50 n. Chr.)

Rechte Seite: 400 Jahre alte Holzpfähle in der Zwergerer Bucht, die für Fischzuchtanlagen und Stege benutzt wurden, nur bei Niedrigwasserstand tauchen die zauberhaften Gebilde auf. In dieser idyllischen Bucht wurde ein Steinbeil aus der späten Steinzeit gefunden (3000 v. Chr.). Für die ersten Menschen im Voralpengebiet waren die Seen (Walchensee, Roseninsel, Chiemsee) bevorzugte Siedlungsstätten

In der ausgehenden Hallstattzeit um 600 v. Chr. siedelten südlich der Donau bereits Kelten. Die keltischen Einflüsse prägen bis heute das bayerische Leben. Die Anfertigung von Tonwaren, Trachten, Schmuck und Münzen, die Gewinnung von Salz sowie der Einfluss auf das heutige Brauchtum des Winteraustreibens, das Aufstellen des Maibaums, Starkbierfeste und das Feiern der Sommersonnenwende lassen heute noch keltische Wurzeln erkennen.

Die Römer unter Drusus und Tiberius eroberten um 15 v. Chr. die Alpentäler und unterwarfen die dort angesiedelten Kelten. Von da an lebten in den Provinzen Raetien und Noricum, die etwa dem heutigen Südbayern und Österreich entsprechen, nicht nur Römer und Kelten, sondern es gesellten sich auch Soldaten und Kaufleute aus dem Balkan und Kleinasien, aus Syrien und Alexandrien dazu. Aus dem Norden und Osten kamen Germanen und andere „Barbarenvölker" durch die Tore des Limes. Nach dem offiziellen Abzug der Römer im Jahr 488 n. Chr. verschwanden zwar ihre Soldaten und Beamten nach Süden, aber der Teil der römischen Siedler, die sesshaft waren und im Land blieben, war nach Ergebnissen der neuesten Forschungen doch weitaus größer, als man bislang annahm.

Alte Dialektwörter und Ortsnamen verraten bis heute, dass die Bayern in ihren

Linke Seite: Hochnebel über dem Isartal, im Hintergrund das Karwendelgebirge

Das Skelett einer jungen Keltin der Heimstettener Kultur aus der frührömischen Zeit (20–50 n. Chr.). Unter dem Holzboden in einem Bauernhaus in Ascholding wurde im Jahre 2000 das Grab entdeckt. Bezeichnend für diese Kultur waren die Körperbestattung und die Grabbeigaben: ein breiter Gürtel mit Kupferknöpfen, Fibeln, die das Kleid zusammenhalten, und Ringe

Anfängen ein multiethnisches Volk gewesen sein müssen. Aufgrund der Grabungsergebnisse ist sich heute die Forschung einig, dass der Stamm der Bajuwaren erst in einem längeren historischen Prozess aus den verschiedensten Bevölkerungselementen zusammengewachsen ist. Dieser Prozess hat nach neuesten Ausgrabungen vermutlich bereits im 4. Jahrhundert n. Chr. begonnen und sich in verschiedenen Phasen bis etwa 550 n. Chr. vollzogen.

Das erste schriftliche Zeugnis der Bajuwaren stammt aus dem Jahre 551 n. Chr. Doch es dauerte noch lange, bis Siedlungen im Isarwinkel entstanden, denn es erstreckte sich südlich von Wackersberg und Gaißach ein dichter Waldgürtel, in welchem auch Bären und Wölfe lebten.

Nachdem im 8. Jahrhundert, nach der Christianisierung durch Herzog Tassillo III., die großen Klöster am Chiemsee, Benediktbeuern, Tegernsee, Schäftlarn und Wessobrunn gegründet wurden, ist um 1000 n. Chr. das Gebiet des heutigen Isarwinkels gerodet und dadurch erst urbar gemacht worden. Dies ist die Geburtsstunde der bis heute andauernden Ansiedlungen im Isarwinkel.

Tölzer Stadtgeschichte

Um 1000 n. Chr. – noch bevor München gegründet wurde – gab es in Tölz schon zwei Ansiedlungen: das Reginried, urkundlich 1116 erwähnt, und das oftmals überschwemmte Gries mit der Isarfurt. Um 1180 baute der Edle Hainricus de Tolnze aus Döllnitz in der Oberpfalz in der Nähe der Isar im milden Tölzer Talkessel eine stattliche Burg und legte die beiden Dörfer Reginried und Gries zusammen. Daraus entstand das Dorf Tolnze. Um 1281 wird Tollenz als Markt das erste Mal genannt und um 1400 wird der Name Isarwinkel zum ersten Mal erwähnt.

In den darauffolgenden Jahrhunderten gab es zahlreiche Brände, die den Markt Tölz einäscherten. Der verheerendste Brand war im Jahre 1453, als die Marktstraße sowie die Kirche vollständig zerstört wurden. Herzog Albrecht III. unterstützte Tölz beim Wiederaufbau und ließ sich ein Schloss errichten.

Es gab drei Pfleger in Tölz namens Kaspar Winzerer, vom Herzog abgeordnet, den Markt Tölz zu verwalten. Der bekannteste war Kaspar Winzerer III. 1525 führte Winzerer gemeinsam mit Georg von Frundsberg das Landsknechtsheer Kaiser Karl V. in der Schlacht von Pavia, in der er König Franz I. von Frankreich gefangen setzte. Seit 1887 erinnert in der oberen Marktstraße ein Denkmal an den „Goldenen Ritter" und Landsknechtsführer.

Bayerns Herzog Maximilian I. veranlasste 1624, dass der Franziskanerorden Mönche

Vorhergehende Doppelseite: Die Isarbrücke, die barocke Franziskanerkirche und das Kurviertel, das erst nach der Entdeckung der Jodquellen entstand. Rechts der Blomberg (1.248 m) und halbbewaldet der Wackersberg

Alt-Tölz nach einem Kupferstich von Matthäus Merian, um 1700. Links die Isar, vor der Kirche ein Teil der alten Burg, und rechts auf der Anhöhe das Schloss Herzog Albrechts III., erbaut nach dem großen Brand um 1455

Rechte Seite: Tölzer Bürgerkapelle um 1895, vorne links Josef Schöttl und stehend rechts Anton Zantl, um 1895

von Mailand nach Tölz schickte, um ein kleines Kloster beim Tölzer Friedhof links der Isar zu bauen. Dort, im heutigen Kurviertel, stehen noch heute die Franziskanerkirche und die Klostergebäude, die seit 2007 nicht mehr als Kloster genutzt werden. Die Franziskaner waren in Tölz beliebte Prediger. Der Bettelorden las in den umliegenden Dörfern die Messe, gab Religionsunterricht und verteilte Kleidung und Essen an Bedürftige.

Um 1600 entstanden 22 Brauereien in Tölz. Das nur im Winter gebraute Bier konnte in den tiefen Tölzer Tuffsteinkellern aufgrund der Klimabedingungen besser gelagert werden als in den Münchner Kellern. Aufgrund des Isarwasserweges war es ein leichtes Unternehmen, die vielen Eimer Bier (1 Eimer= 64 l) auf Flößen nach München zu befördern.

Immer wieder plünderten und brandschatzten feindliche Truppen Tölz. Während des Dreißigjährigen Krieges brachen 1632 zudem Pest und Hungersnot aus. 1703 fand der Spanische Erbfolgekrieg mit der Sendlinger Bauernschlacht statt, als sich die einheimische Bevölkerung gegen die österreichische Besatzung auflehnte und bei der auch über 1.000 Oberländler fielen. Im Jahre 1742, im Österreichischen Erbfolgekrieg, überfielen die Panduren unter Oberst Trenck den Markt Tölz. Aus Rache für den im Dietramszeller Wald ermordeten Oberst Gondola wurden in Gaißach damals 23 Bauernhäuser angezündet.

Gasthof

Linke Seite: Untere Marktstraße mit dem heute nicht mehr vorhandenen Josefsbrunnen, um 1900

Isarbrücke mit den ausgebuchteten Kanzeln, dahinter die Altstadt, um 1940

Nach einem Gewitter im Jahre 1770 wurde das von Herzog Albrecht III. erbaute herzogliche Schloss durch eine Überschwemmung stark beschädigt und um 1800 vollständig abgerissen. Es stand einst am Schlossplatz an der Stelle des heutigen Marionettentheaters. An den Erbauer Albrecht III. erinnert ein Fresko an der Fassade des Theaters.

Am Sauersberg bei Wackersberg entdeckte der Bauernknecht Kaspar Riesch 1846 die Jodquellen, die für Tölz den wirtschaftlichen Aufschwung bedeuten sollten. 1856 gründeten Karl Raphael Herder und Dr. Gustav Höfler den Kurort Tölz, dessen Kureinrichtungen schon bald eine große Zahl an Kurgästen anzogen. Noble Sanatorien und Bäderabteilungen entstanden. Einen wichtigen Impuls in der Entwicklung als Kurort gab auch die Eröffnung der Bahnlinie von München nach Tölz im Jahr 1874. Nachdem die Kureinrichtungen zunächst links der Isar entstanden, erwirkte die Stadt am 22. Juni 1899 die amtliche Bezeichnung Bad Tölz für das ganze Gemeindegebiet. 1906 wurde Tölz offiziell zur Stadt erhoben. Nach einer hölzernen Wandelhalle wurde von Anton Höfter sen. 1930 die neue Wandelhalle gebaut und ein Kurgarten angelegt. Diese war zur damaligen Zeit die größte Trink-, Konzert- und Wandelhalle in Europa. Die Jodquellen AG eröffnete 1970 das Hallenbad Alpamare mit Wellenbad, eines der ersten „Erlebnisbäder“ Deutschlands.

Alter Khanturm erbaut 1817 nach Plänen von Franz Anton Fröhlich, 1968 abgerissen

Rechte Seite: Die alte untere Marktstraße um 1880

Zu Beginn des 20. Jahrhunderts erlebte die aufstrebende Kurstadt auch kulturell eine regelrechte Blüte. Um die Jahrhundertwende baute Gabriel von Seidl die Marktstraße um und gestaltete im sogenannten Heimatstil Bauten in und um Bad Tölz. Der Apotheker Georg Pacher begründete 1908 das Marionettentheater und erstmals wurden im Salettl des Bürgerbräus im Bürgergarten die Marionettenspiele gezeigt. Aus dem Musikverein oder der Bürgerwehrkapelle wurde 1924 die Tölzer Stadtkapelle gegründet. Ihren ersten großen Auftritt absolvierte sie 1925, bei der Eröffnung des Deutschen Museums in München. 1928 erfolgte die Gründung des Eisclubs Bad Tölz, traditioneller Trainingsplatz der Eishockeyspieler war der Klammerweiher. In den Jahren 1962 und 1966 brachte es die Tölzer Eishockeymannschaft bis zum Deutschen Meister.

Im Osten der Stadt entstand 1933 die SS Junkerschule. Kurz nach Kriegsende, im Mai 1945, zog die US-Armee dort ein und nannte sie in „Flint-Kaserne" um. Die 3. US-Armee mit General George S. Patton jr. machte die Junkerschule zu ihrem Hauptquartier, als Militärgouverneur regierte Patton zeitweise von Bad Tölz aus über Bayern.

Seit 1984 verbindet eine zweite Brücke die Altstadt mit dem Kurviertel. Seitdem sind die Marktstraße und ein Teil des Kurviertels Fußgängerzonen.

Linke Seite: Das Mühlfeld mit der alten Salzstraße als Hohlweg; die Maria-Hilfzeile links führt zur Mühlfeldkirche

Isarlauf um 1955

Tölzer Schützenmarsch

Isartal, du bist mei Freud',
da geht mir's Herz auf mächtig weit,
wenn i in die Berg nei schau,
die all mi grüaßen freundli blau.
O du mei liabes, schönes Tölz,
mit deine Berg, dein greanes G'hölz,
ja, i moan, es kunnt nix Schöneres geb'n,
als da herobn zu leb'n
im Isartal.

Anton Krettner 1883

Handelswege – Salzstraße – Flößerei

Seitdem sich Menschen am Nordrand der Alpen niederließen, existierten Verbindungswege zwischen Siedlungen, Dörfern und Märkten, auf denen Waren transportiert wurden. Kulturgüter, Rohstoffe und Dienstleistungen wurden ausgetauscht, Geschichten erzählt und so manches Lied wurde überliefert. Der Salztransport garantierte für die Säumer, Händler, Handwerker und Pfleger Einkommen und Wohlstand. Noch im 19. Jahrhundert war der Salzhandel so bedeutend, dass die Fuhrwerke aller Tölzer Brauereien notwendig waren, um das Salz über den Buchberg nach Sindelsdorf zu befördern.

Jahrhundertelang brachten Säumer (Salzführer) vom Chiemgauer Samerberg mit ihren kleinen Rössern das Salz von Reichenhall über den Irschenberg nach Tölz. Im Tölzer Mühlfeld befanden sich drei Salzstadl, in denen man das Salz lagerte, Maut dafür einnahm und schließlich auf Fuhrwerken über den Buchberg nach Murnau und ins Allgäu weiterbeförderte. Das „weiße Gold" hieß es, und auch für die Tölzer war der Salztransport sehr bedeutsam, da hier sowohl die Ost-West Verbindung von Reichenhall ins Allgäu entlang der Alpen, als auch die Isarwasserstraße nach Norden verlief. Am Schnittpunkt dieser Handelswege siedelten sich daraufhin Schmiede, Müller, Wagner, Schäffler, Kistler, Glaser, Zinngießer, Uhrmacher, Bierbrauer und Wirte an.

Einer der ältesten Siedlungsplätze in Tölz

Gasthof Zantl, Schäfflerei mit Bierkeller und die bis 1955 genutzte Salzniederlage

Rechte Seite: Isarflößer bei der Arbeit, Foto von Hans Lutz, 1925

Folgende Doppelseite: Blick vom Studentenbichl auf die Altstadt und links an der Floßlände die Holzstöße, die nach München geflößt wurden, um 1890

ist, an der Salzstraße gelegen, das Mühlfeld. Dort gab es im 17. Jahrhundert 18 Mühlen, Bierkeller der 22 Brauereien, Schäffler, Sägewerke und Hammerschmieden. 1784 lagerten in den Salzstadeln im Mühlfeld 18.304 Fässer, in denen das Salz aus Reichenhall auch in gepressten Salz-Scheiben zwischengelagert wurde. Noch schön erhalten ist das denkmalgeschützte Ensemble des Gasthofs Zantl mit Tenne und Salzniederlage, der Schäfflerei und dem darunter liegenden Bierkeller, der von den Franziskanern genutzt wurde.

Der Waldreichtum der Gegend und die Isar als ideale Verkehrsader nach Norden machten den Isarwinkel zum wichtigen Umschlagplatz für Holz. Zum Bau des Dachstuhles der Münchner Frauenkirche im Jahre 1470 wurden 147 Flöße mit 2.000 Baumstämmen nach München geflößt.

Aus dem Isarwinkel wurden neben Holz vor allem Kalk, Steine als Baumaterial und aus den kühlen Tuffsteinkellern das bekömmliche Tölzer Bier auf die Flöße verladen. Verschiedene Waren aus Italien wie Wein, Öl, Gewürze, Baumwoll- und Seidenstoffe gelangten auf Saumpferden nach Mittenwald zum Bozner Markt. Von dort wurden auch sie auf der Isar nach Tölz und München geflößt. Die Tölzer Bürgersfrauen schätzten die kostbaren Tücher, aus denen sie sich wertvolle Gewänder nähen ließen. Besonders begehrt unter den einheimischen Erzeugnissen waren die Tölzer Schränke und Himmelbetten, die mit Rosen und „heiligen Herzen" bemalt wurden. Im 18. Jahrhundert fuhren jährlich an die 10.000 Flöße nach München. Erst als im 19. Jahrhundert Kühlanlagen erfunden wurden, verlor Tölz seine Aufgabe als Münchens „Bier-Amme". Der Bau der Eisenbahnstrecke von München nach Tölz 1874, sowie 1924 die Ableitung der Isar aufgrund des Walchenseekraftwerkes, bedeutete das Ende der Flößerei.

Wo früher wichtige Handelswege verliefen, treffen heute Radlwege zusammen. Die „Via Bavarica Tyrolensis", der Weg von München nach Tirol bzw. der Isarradweg und der Radlweg Bodensee–Königssee kreuzen sich direkt an der Tölzer Isarbrücke.

Bad Tölz mit Calvarienberg.

Isarforelle

für 4 Personen

- 2 große Forellen
- 2 Esslöffel Butter
- In Streifen geschnittene Zwiebel, Lauch, Gelbe Rüben und Sellerie
- 1 Knoblauchzehe, klein gewürfelt
- Petersilie, Dill
- 1 Zitrone, gepresst
- Salz, Pfeffer
- 1/8 l Rahm
- 1/4 l Weißwein
- Kartoffeln

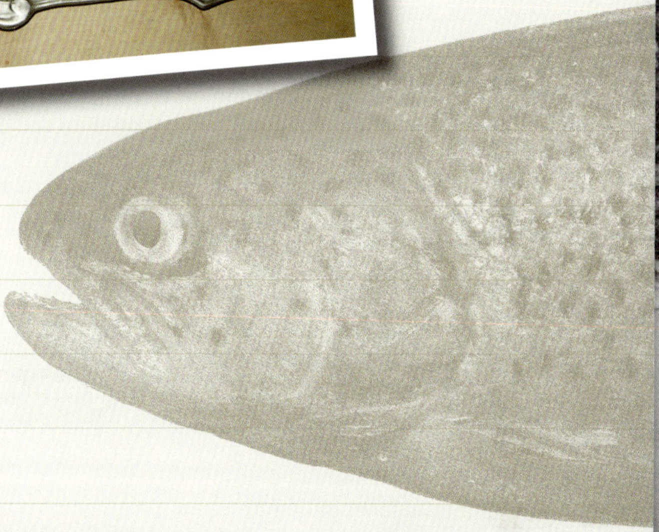

Zwiebel und Gemüse kleinschneiden und im Reindl anbraten. Die Forellen außen mit Salz und Pfeffer würzen und den Bauch zudem mit Knoblauch, Petersilie und Dill füllen. Zu dem angebratenen Gemüse ins Reindl legen und im Backrohr bei 180°C etwa 20 min. anbraten, später mit Zitronensaft, Wein und Rahm übergießen. Eine Stunde im Rohr braten.

Die geschälten Kartoffeln nach dem Kochen mit Salz und Pfeffer würzen und in Butter und Petersilie schwenken.

Historischer Rundgang durch Bad Tölz

Im Tölzer Ortsteil Mühlfeld lohnt sich ein kurzes Verweilen in der Mühlfeldkirche. Als Vorgängerkapelle war die Maria-Hilf-Kapelle, direkt an der Salzstraße gelegen, schon im 16. Jahrhundert eine bedeutende Wallfahrtsstätte. Die heutige Kirche ist 1735 nach den Plänen von Josef Schmutzer aus Wessobrunn erbaut worden. Zum Maria-Hilf-Bild im Hauptaltar kamen jahrhundertelang Wallfahrer und Hilfesuchende. Aus Wessobrunn stammte auch der berühmte Freskenmaler Matthäus Günther, der sich als reicher Kranker in der dargestellten Pestprozession im Altarraum verewigt hat. 1632, mitten im 30jährigen Krieg, herrschte in Tölz die Pest, viele starben an der ansteckenden Krankheit. Der Legende zufolge gingen die Tölzer in einem Prozessionszug zur Urtaufkirche nach Gaißach. Die Gaißacher drängten die Tölzer aus Angst vor der Pest erfolgreich zum Rückzug. Gaißach hingegen sei – so die Legende weiter – nach dieser Zurückweisung der Tölzer durch die Pestepidemie fast ausgestorben, man habe nur noch vereinsamtes Vieh herumlaufen sehen. Ein Gedenkstein an der Tölzer Grenze nach Gaißach erinnert heute noch an diese Begebenheit.

Wunderschön ist an Fest- und Feiertagen die Kirchenmusik und die Ausschmückung der Rokokokirche, geweiht auf Maria Namen. Zwei Relieftafeln am Hochaltar, die soge-

Im Hochaltar, das alte Gnadenbild, eine bekleidete Madonna des 17. Jahrhunderts

Hl. Florian, Patron der Schäffler, der Bierbrauer und der Feuerwehren. Zunftstangen werden nur an den Festtagen ausgestellt

Rechte Seite: Die Mühlfeldkirche, erbaut 1735–37 nach Plänen von Joseph Schmuzer; geschmückt mit Zunftstangen und Fahnen, die an Fronleichnam mitgetragen werden

nannten silbernen Märkte, wurden von Tölzer Bürgern gespendet, die nach verschiedenen Kriegen wieder gesund zurückgekehrt waren. Diese werden nur an Festtagen gezeigt. Entlang der Kirchenbänke sind prächtige Zunftstangen aufgestellt, die bei der Fronleichnamsprozession mitgetragen werden. In der Weihnachtszeit ist die barocke Krippe mit dem Schaferlturm und den heiligen drei Königen sehenswert.

Vor der Kirche erinnert ein in Bronze gegossenes Mahnmal an den Todesmarsch der Dachauer KZ-Häftlinge. Am Ende des Nationalsozialismus führte ein Zug mit Tausenden Gefangenen aus dem dortigen Konzentrationslager über Wolfratshausen durch die Tölzer Marktstraße. Bei Reichersbeuern befreiten amerikanische Soldaten den Zug. Entlang diesem Todesweg wurden zum Gedenken 13 Mahnmale aufgestellt. Ein 14. wurde in Israel errichtet.

Der Rundweg geht die Salzstraße weiter entlang zum Khanturm. Hier beginnt die denkmalgeschützte Marktstraße. Gegenüber dem Pfarrzentrum Franzmühle am Ried liegt der älteste Siedlungsplatz von Tölz. Richer von Reginried und Hohinpurc, besaß als Vogt des Klosters Tegernsee um 1030 hier eine Burg.

In westlicher Richtung gehen wir zum Schlossplatz. Am Marionettentheather sieht man ein Fresko an der Hauswand von Herzog Albrecht III. und seinem herzoglichen Schloss.

Linke Seite: Fresko im Altarraum. Dargestellt ist die Muttergottes als Helferin der Kranken und die Tölzer Pestprozession auf ihrem Bittweg nach Gaißach (1634). Matthäus Günther malte 1737 das Chorfresko und bildete sich dort selbst ab, umrahmt ist dieses mit Wessobrunner Stuck von Joseph Schmuzer

Der Brandner Kaspar mit dem Tod als Puppen im Tölzer Marionettentheater. Seit 1908 gibt es in Bad Tölz das Marionettenspiel. Das Ensemble entführt Kinder und auch Erwachsene in eine spannende Welt; gezeigt werden z.B. „Die Zauberflöte“, „Der Barbier von Sevilla“, „Die Kluge“ von Carl Orff und der „Brandner Kaspar“. Zur Weihnachtszeit wird „Die Heilige Nacht“ von Ludwig Thoma aufgeführt

Ein kleiner Abstecher führt durch den Bürgergarten, der früher als einer der schönsten Biergärten Oberbayerns galt. Hier wurde der Tölzer Schützenmarsch für Männergesang und Streichorchester von Anton Krettner zum ersten Mal gespielt. Im Salettl des Bürgerbräus im Bürgergarten fanden bis 1952 die Marionettenspiele statt. Durch Unterspülung stürzte das Theater ein und wurde ein Jahr später am Schlossplatz neu erbaut.

Über den alten Hohlweg der Salzstraße geht eine Brücke. An der Stadtpfarrkirche liegt der „Frauenfreithof“ (Friedhof um die Frauenkirche). Bis 1618 war dies der erste Friedhof von Tölz. Schon um 1262 wird eine „Kapella Tölnz“ erwähnt. Die dreischiffige Stadtpfarrkirche „Maria Himmelfahrt“ mit dem gotischen Netzgewölbe wurde nach dem großen Brand von 1453 mit Mitteln von Herzog Albrecht III. neu aufgebaut. Besondere Bedeutung hat die schwebende Madonna im Kirchenschiff, welche vom Weilheimer Bildhauer Bartholomäus Steinle im Jahre 1611 geschaffen wurde, ist sehr sehenswert. Wie eine Bühne wirkt der Hochaltar mit wechselnden biblischen Darstellungen und die Altarkrippe mit 1,30 m großen Gliederpuppen, geschnitzt von Franz A. Fröhlich. Dazu schuf Simon Quaglio acht Leinwände mit verschiedenen Kulissen. Eine besonders wertvolle Arbeit sind die Glasfenster um 1500, gestiftet von Bayerns Herzögen Albrecht IV. und Wilhelm IV.

In der evangelischen Johannes-Kirche, erbaut 1880, hängt das ergreifende Kreuzigungsbild Lovis Corinths, eines Meisters des Impressionismus. Dieses Bild wurde 1887 im Glaspalast in München ausgestellt. Ein Münchner Kaufmann stiftete es 1901 der Evangelischen Gemeinde in Tölz

Rechte Seite: In der Franziskanerkirche, erbaut 1735, befinden sich an den Seitenaltären Schnitzereien des Bildhauers Josef Anton Fröhlich, eines Angehörigen der Künstlerdynastie der Fröhlichs aus Tölz. Die drei Könige, die Weisen aus dem Morgenland, huldigen dem Christkind

Über die Treppe an der Kirche gelangen wir in die Flößer- und Handwerkersiedlung Gries. Sie beherbergte früher Flößer, Floßknechte, Fischer, Kalkbrenner, Kohlenbrenner und Holzarbeiter. Die Namen der Straßen und des Hammerschmiedbrunnens erinnern an die ehemaligen Handwerker. Den Flößerheiligen Nepomuk finden wir als geschnitzte Figur an einem Haus. Das älteste Fresko, die Heiligen Florian (Patron der Bierbrauer und Feuerwehr) und Urban (Patron der Weinwirte und Winzer), besticht durch die Naturfarben der damaligen Zeit. Aus dem Florians-, Hammerschmied- und Gockelbrunnen fließt Wasser, früher zum Wasserholen und Wäsche waschen genutzt. Im Sommer findet rund um die Brunnen mittwochs und freitags der Gemüse-, Fisch- und Blumenmarkt statt.

Über die Isarbrücke führt der Weg ins Kurviertel. Am Hügel im Westen liegt die barocke Franziskanerkirche. Seit 1624 waren die Franziskaner in diesem Kloster, doch 2008 haben sie Tölz verlassen. In der 1735 erbauten Kirche, einer Dreifaltigkeitskirche, sind vor allem die Schnitzereien an den Seitenaltären von Josef Anton Fröhlich sehenswert. Durch die neue Orgel aus dem Jahr 2001 finden in dieser Kirche viele klassische Konzerte statt. Den Rundgang beenden wir im früheren Franziskanergarten und heutigen Rosengarten mit einem Blick auf das Franziskanerkloster.

S.
VICTORINUS
MART.

Linke Seite: Blick ins Isartal, am Horizont die Isarwinkler Berge und rechts der Isarbrücke das Kurviertel und die Franziskanerkirche

Der Khanturm, benannt nach den Besitzern des Handelshauses „Herrn unterm Turm“, wurde 1968 nach Abriss des alten Turms neu erbaut. Hier pulsierte bis 1984 der Verkehr der Bundesstraße

HypoVereinsbank
FRISEUR

Die Marktstraße: Historischer Schauplatz – Einkaufstraße – Flaniermeile

Wenn man von der Isarbrücke die Marktstraße hinaufspaziert, staunt man über die breite, für den Isarwinkel ungewöhnlich großzügig angelegte Straße. Im Gehen tauchen ständig neue Blickwinkel auf: kleine Gassen mit Geschäften und im Hintergrund die Berge des Isarwinkels; die Geschlossenheit der Häuserzeile mit flachen Satteldächern, dazu der sanft geschwungene Bogen, dem die Bebauung folgt. Hier ist historisch gewachsen, was später Städteplaner propagierten.

Nachdem ein großer Brand 1453 die ganze Marktstraße zerstört hatte, wurden die vormals hölzernen Häuser aus feuerbeständigem Stein wiederaufgebaut. Herzog Albrecht III., der Gemahl der unglücklichen Agnes Bernauer, unterstützte die Tölzer beim Wiederaufbau des Straßenzugs und der Pfarrkirche Mariä Himmelfahrt. Die bürgerlich alpenländischen Häuser wurden durch Gabriel von Seidl zu Beginn des 20. Jahrhunderts durch auskragende Giebeldächer, Fassadenmalerei und Stukkaturen ergänzt.

Tölz war seit frühester Zeit ein Reise- und ein Durchfahrtsort an der Salzstraße. Die Salzstraße führte jedoch nicht durch die Marktstraße sondern verlief pararell dazu. Die Marktstraße war vielmehr der Ort, an dem zahlreiche Märkte abgehalten wurden, so etwa für Schrannen, Töpfer- und Korb-

Vorhergehende Doppelseite: Die historische Marktstraße, seit 1984 Fußgängerzone

Markttag in Tölz, um 1900

Rechte Seite: Die Klammergasse, eine Seitengasse der Marktstraße, führt zum Ortsteil Gries

waren. Anfang des 17. Jahrhunderts ließen sich hier 22 Brauereien, zahlreiche Bier- und Weinschänken sowie verschiedene Handwerker nieder. Dies kann man noch an den alten Zunftauslegern, welche an verschiedenen Häusern in Form einer Brezel, eines Zylinders, eines Krugs oder eines Stiefels angebracht wurden, sehen. Sie zeugen von den verschiedenen Handwerkern, die hier in der Marktstraße ihre Arbeitsstätten hatten. Das erklärt auch die auffallend breiten Hauseinfahrten mit Korbbögen, denn die Fuhrwerke mussten für Lieferungen in die rückwärtigen Handwerksstätten oder Brauereien hineinfahren können.

Vom Mittelalter bis in die Gegenwart war die Marktstraße stets ein bedeutender geschichtlicher Schauplatz. Sie wurde Zeugin vieler verheerender Brände, des Einmarsches der marodierenden Schweden, der Ausbreitung der Pest, des Zugs der Oberländler nach Sendling, des Oberst Trenck mit seinen Panduren, des Einmarschs französischer Soldaten, des Aufmarsches der Waffen-SS, des Todesmarsches der Dachauer KZ-Häftlinge und der Rückkehr von Soldaten und Verwundeten nach dem 2. Weltkrieg.

Ein Arbeitskreis von Tölzer Bürgern und Schülern aus verschiedenen Schulen begab sich auf die Spurensuche nach den Schicksalen jüdischer Mitbürger des Nazi-Terrors. Unmittelbar vor dem Stadtmuseum wurden

Gasthof zum
Metzgerbräu
J. W.
Augustiner-
Bräu München
gegründet 1328
LOTTO
TOTO

Oberland
Apotheke
Oberland
Apotheke

Linke Seite: Die obere Marktstraße mit alpenländischen Giebeldächern

Die alte obere Marktstraße mit idyllischem Stadtbach, um 1900

Gedenksteine im Boden eingepflastert. Sie sollen an die 23 Tölzer Juden erinnern, die in Konzentrationslagern ums Leben kamen.

Heute finden in der Marktstraße auch viele farbenfrohe Feste in bayerischer Tradition statt: die Tölzer Leonhardifahrt, die prächtige Fronleichnamsprozession, das Standkonzert der Tölzer Stadtkapelle, der Christkindlmarkt, Jahr- und Töpfermärkte und die Jahrhundertfeier der Stadt 2006. In den letzten Jahren kamen die Auftritte der „Bananafishbones" und Skiskating-Rennen dazu und dem „Bullen von Tölz" wurde hier seine Polizeistation eingerichtet.

Viele Gäste und Einheimische schätzen die Marktstraße heute vor allem als Einkaufs- und Flaniermeile. Die gut bestückten Buchhandlungen, Läden mit Schnitzereien, geschmackvollen Trachten- und Modegeschäfte laden zu einem Bummel ein. Das Stadtmuseum mit dem Heimatwerk lockt mit wechselnden Ausstellungen. Dazwischen kann man bei schönem Wetter an den Tischen in der Fußgängerzone sitzen und sich von den Gastwirtschaften, Weinlokalen, Cafés und Eisdielen verwöhnen lassen.

Da spürt man die „sachliche Behaglichkeit und Gemütlichkeit", die Gabriel von Seidl zu Beginn des vorigen Jahrhunderts geschaffen hat.

Kaspar Winzerer III. (1475–1542), Pfleger von Tölz und Landsknechtsführer. Einer der bedeutendsten Männer Bayerns in der Reformationszeit. Er rettete Kaiser Maximilian in Böhmen und wurde zum Goldenen Ritter geschlagen. Bei der berühmten Schlacht von Pavia setzte er König Franz von Frankreich gefangen. Winzerers Denkmal wurde von Ferdinand Miller d.J. gegossen und von Prinzregent Luitpold 1887 eingeweiht

ölzer Kurier

„Sachliche Behaglichkeit" – Gabriel von Seidls Bauten in Bad Tölz

Schon zu seiner Studentenzeit war der Münchner Architekt und Naturschützer Gabriel von Seidl (1848–1913) begeistert vom Tölzer Markt mit seinem malerischen Umland. Ihn faszinierte die historisch gewachsene Marktstraße mit dem natürlich geschwungenen Straßenverlauf, den ständig wechselnden Ansichten, den vorstehenden, flachen Satteldächern, den Korbbögen an den Hauseinfahrten und dem Khanturm – einem früheren Torturm – am Ende der Straße. In Tölz schätzte er, was seinem Naturell entsprach: gelebtes Brauchtum, die alten Tölzer Trachten, die Wackersberger Schützen, lebendige Volkskunst, gemütliche Biergärten und vor allem die Menschen in ihrer ländlichen Schlichtheit, Echtheit und Gemütlichkeit.

Nachdem Bad Tölz Mitte des 19. Jahrhunderts Kurort geworden war, wollte es moderner und zeitgemäßer wirken, weshalb viele Marktstraßenhäuser und das Marienstift umgebaut wurden. Die bis zum Anfang dieses Jahrhunderts übliche Fassadenmalerei und Stuckierung um die Fenster kamen aus der Mode. Gabriel von Seidl war über die ortsfremden architektonischen Elemente, die neugebauten Erker, Zinnen und neugotischen Ausschmückungen entsetzt. So beschloss er mit Kurarzt Max Höfler und Bezirksamtmann August Fischer, den Verfall der Fassaden aufzuhalten. Viele Häuser in

Vorhergehende Doppelseite: Blick von der Isar zum Marienstift. 1905 wurde es nach Plänen Gabriel von Seidls umgebaut, die reichen Fassadenfresken stammen von Karl Wahler. Abgebildet sind die Anführer der Sendlinger Bauernschlacht, Kurfürst Max Emanuel mit seinen beiden Söhnen und der Zug der Oberländler nach Sendling im Jahre 1705

Fresko am Marienstift. Links der legendäre Schmied von Kochel, rechts Johann Jäger, der Weinwirt aus Tölz, die Anführer der Schlacht bei Sendling

Rechte Seite: Das Forsthaus, erbaut um 1900 im typischen Stil Gabriel von Seidls

der Marktstraße wurden daraufhin wieder nach altem Vorbild umgestaltet. So erhielten die historischen Häuser wieder ihre traditionellen alpenländischen Giebel, barocken Portale und Lüftlmalereien, die zur Geschichte des jeweiligen Hauses passten. Diese kann man noch heute am Stadtmuseum (ehemals Bürgerbräu) sowie am alten Rathaus, dem Pflegerhaus, dem Weinhaus Höckh, dem Marienstift, dem Weinhaus Schwaighofer (mit der gemütlichen Weinstube) und dem Gebäude des Tölzer Kuriers bewundern. Ebenso baute Gabriel von Seidl im Kurviertel und im näheren Umkreis neue Häuser im „Seidlstil" oder auch Heimatstil, wie das Kurhaus, die Villa Thorstein, sein Wohnhaus an der Wackersberger Leite, das Gut Oberhof und das Gut Raith. Durch seine architektonische Gestaltung wollte Gabriel von Seidl in Tölz bayerische Gemütlichkeit und sachliche Behaglichkeit vermitteln.

Gabriel von Seidl verdanken wir auch die Gründung des Isartalvereins 1902. Seidl kaufte mit seinen Freunden Grundstücke an der Isar zwischen München und Tölz, um die Bebauung durch Grundstücksspekulanten zu verhindern.

Linke Seite: Tölzer Kurhaus am Rande des Kurparks, von Gabriel von Seidl 1912/13 entworfen, Baubeginn noch 1913. Nach Seidls Tod von seinem Bruder Emanuel Seidl fertiggestellt

Traufständiges Geschäftshaus in der unteren Marktstraße. Gabriel von Seidl entwarf 1906 die Stuckgliederung und die Figuren vom Weinwirt und dem Zecher

Oben: Gut Oberhof, Gutshof von Roeckl, 1901 von Gabriel von Seidl erbaut

Villa am Kogel, Plan von Gabriel von Seidl

Rechte Seite: Höflervilla mit Mansarden-Walmdach, jetzt Haus des Gastes, erbaut 1926/27 von L. Seidl

Der Kalvarienberg

Im romantisch gesinnten 19. Jahrhundert glaubte man, dass in keltischer Vorzeit auf der Höhe des Kalvarienbergs, früher Höhenberg genannt, ein heiliger Baum gestanden sei, zu dem man hinaufpilgerte. Sicher ist, dass später die freie Fläche am Höhenberg als Viehweide benutzt wurde. Im Westen des Höhenkamms stand bis Ende des 18. Jahrhunderts der Galgen von Tölz. Die heutige Bezeichnung Galgenleite zeugt noch von dieser Vergangenheit.

Angeregt durch den Bau des Lenggrieser Kalvarienbergs am Ende des 17. Jahrhunderts, errichtete Friedrich Nockher, ein kurfürstlicher Salz- und Zollbeamter, aus tiefer Frömmigkeit um 1718 auf dem Höhenberg die Kalvarienberganlage. Zunächst wurde das Kreuz und die Heilige Stiege im Freien mit 28 Stufen errichtet. Diese wurde der „scala santa" in Rom nachgebildet. 1726 ließ Nockher die Heilige Stiege überdachen und in eine Doppelkirche integrieren und erst sechs Jahre später kamen bemalte Fassadentürme mit kupfernen Hauben hinzu. Entlang des Bergweges ließ Nockher sieben Kapellen errichten. Anschließend wurde der neue Kreuzeshügel aufgeschüttet, auf dem wir heute die großen, aus Kupferblech gefertigten Figuren sehen. Die älteste Darstellung zeigt Christus am Kreuz. Es folgen Maria, Johannes und Magdalena und die zwei Schächer. Unterhalb der Kreuze befindet sich die Gruftkapelle. Die Kreuzkirche

Vorhergehende Doppelseite: Morgenstimmung am Kalvarienberg: Kalvarienbergkirche, rechts Leonhardikapelle

Kreuzigungsgruppe, dazu Maria, Johannes und Maria Magdalena

Kreuzwegkapellen am schattigen Weg zum Kalvarienberg

Rechte Seite: An natürlichen Terrassengärten entlang zur Altstadt mit Blick auf die Stadtpfarrkirche

umfasst drei Gebetsstätten. Die quadratische erste Kirche mit dem Deckenfresko von Matthias Ott aus dem Jahre 1785 zeigt die Vater-unser-Bitten. Die Wandfresken stellen die Geschichte des Kreuzes dar. Eines davon zeigt, wie die heilige Helena der Legende nach in Jerusalem das Kreuz Christi auffindet. In der nächsten Gebetsstätte befindet sich die Heilige Stiege. Besonders während der Kartage beten viele Gläubige auf Knien die steinerne Stiege hoch. In der dritten Kapelle befindet sich das Grab des Stifters Friedrich Nockher.

Es gibt mindestens vier Wege auf den Kalvarienberg. Der angenehmste Weg geht jedoch von der Tölzer Innenstadt aus unter breit ausladenden Lindenbäumen empor. Viele Gäste und Tölzer begeistert der herrliche Blick vom Kalvarienberg über die Tölzer Dächerlandschaft entlang der Isar bis ins Vorkarwendel.

Hier kann man auch das Ausschürfen des Isartales durch einen Gletscher vor über 20.000 Jahren nachvollziehen. Riesige Schmelzwassermengen haben sich vom heutigen Lenggrieser Gebiet bis nach Tölz zu einem großen See angestaut. Die gewaltigen Wassermassen suchten sich ihren Weg zwischen dem heutigen Kalvarienberg und dem Buchberg. Durch diesen Durchbruch fand die Isar vor über 10.000 Jahren ihr heutiges Flussbett nach München.

Die Isar trennt heute Bad Tölz in zwei

Linke Seite: Malerischer Blick über die Tölzer Dächer zur Isar und zum Vorkarwendel

Wackersberger Leonhardigespann

Leonhardikapelle und Kalvarienbergkirche

Teile. Vom Kalvarienberg blickend, befinden sich rechts der Isar das Kurviertel und links die historische Altstadt. Der Blick schweift über den alten Stadtteil im Osten, weiter zu den Gaißacher Vorbergen und dem Geierstein bei Lenggries. Am südlichen Horizont erkennt man die markante Silhouette des Juifen. Es folgen im Süden die drei Jöcher, Zoten-, Demmel- und Dürrnbergjoch. Im Westen schließt sich das Brauneckgebiet an. Am Ende des Gebirges liegt die markante Benediktenwand. Der Sage nach, soll Bischof Bonifatius im 8. Jahrhundert dort am Gipfel gestanden sein und ausgerufen haben: „Benedicta Bavaria“ – „Gesegnetes Bayern“. Westlich abschließend folgt der bewaldete Rücken des Tölzer Hausberges, des Blombergs.

Die mit einer Kette umgürtete Leonhardikapelle auf dem Kalvarienberg wurde 1718 von Tölzer Zimmerleuten erbaut, die im Jahre 1705 die Sendlinger Bauernschlacht überlebt hatten. Sie wurde zu Ehren der schmerzhaften Mutter Gottes geweiht, in Gedenken an die vielen Oberländler, die in Sendling ihr Leben lassen mussten. Die Votivtafeln im Innern der Kapelle, die bei Unglück, Krieg und Krankheit gestiftet wurden, zeugen von der Frömmigkeit der Isarwinkler.

Heute ist die Kapelle Mittelpunkt der alljährlichen Leonhardifahrt. Diese weithin bekannte Wallfahrt der Isarwinkler findet am

Vorreiter der alljährlichen Leonhardifahrt, um 1955: links Karl Richard Steinacker, Hans Zantl mit Leonhardistandarte und Andreas Wiedemann

Rechte Seite: Blick vom Kalvarienberg zur Franziskanerkirche, dahinter der Wackersberg und am Horizont das Brauneck- und Benediktenwandgebiet

6. November statt, dem Todestag des heiligen Leonhard, der im 5. Jahrhundert als Mönch in Frankreich lebte. Seit dem 11. Jahrhundert wird Leonhard in Bayern verehrt (und gilt sogar als „bayerischer Herrgott"), nicht nur als Gefangenenbefreier und Kettenlöser, sondern vor allem als Viehpatron. Deshalb gehört auch die Kette zu seinen Attributen.

Immer wenn Viehseuchen ausbrachen, kamen die Bauern und umritten dreimal die Kapelle. Pfarrer Joseph Pfaffenberger wollte den wilden Umritten ein Ende setzen und organisierte 1856 die erste Leonhardifahrt mit strengen Regeln und einem festen Termin. Wochenlang vorher putzen die Bauern das Pferdegeschirr, Frauen und Mädchen holen Granten (Almrosen), Tannenzweige, Islandmoos und Stechpalme. Aufwendig werden sie mit den letzten Oktoberröserln auf die Truhen und Tafelwägen gebunden. Pferde hatten und haben im Isarwinkel einen hohen Stellenwert. Kunstvoll werden der Schweif und die Mähne geflochten und mit Röserln verziert.

Schon früh in den Morgenstunden hört man das Klirren der Pferdegeschirrglocken, das harte Aufsetzen der Hufe auf das Kopfsteinpflaster und das Wiehern der Kaltblütler und Haflinger. Rösser und Mitfahrende werden vor der Leonhardikapelle gesegnet. Neben der Geistlichkeit nehmen Bäuerinnen im Schalk, die Jungfrauen im Miedergewand, Tölzer Mädchen mit ihren schönen alten Trachten, sowie Musikkapellen und Schützen aus dem Tölzer Land teil. Pferdegespanne mit Truhen- und Tafelwägen stellen sich hinter der Kapelle auf, während an der Leonhardikapelle die Messe gefeiert wird. Anschließend setzt sich der Zug wieder in Bewegung in die Tölzer Altstadt. Es geht im schnellen Trab die Marktstraße hinauf zur Mühlfeldkirche, wo Rössern und Wallfahrern die zweite Segnung gespendet wird.

Linke Seite: Die Heilige Stiege, eine Nachbildung der Scala Santa von Rom. Der Mittelteil ist dem Gebet auf Knien vorbehalten und besonders an den Kartagen eine Bittstätte

Entlang der Heiligen Stiege befinden sich geschnitzte Engel mit den Leidenswerkzeugen, vom Bildhauer Joseph Anton Fröhlich geschaffen

„Immer wenn ich Kindheit denke, denke ich zuerst Tölz“

Die Familie Mann in Bad Tölz

„*Wir waren den Sommer in Tölz, dessen Luft uns so wohltat, dass wir uns dort angekauft haben und uns ein Häuschen mit Blick auf den Ort, die Isar und das Gebirge bauen lassen. Es ist im Rohbau beinahe fertig*“. Dies schreibt Thomas Mann in einem Brief vom 1. November 1908. Durch den Erfolg seines ersten Romans „Buddenbrooks. Verfall einer Familie“ ist Thomas Mann ein gut verdienender Schriftsteller und 1905 durch die Heirat mit Katja Pringsheim, die aus einer der reichsten Münchner Familien stammt, zusätzlich mit Wohlstand gesegnet. Schon die Jahre zuvor verbringt Thomas Mann die Sommerfrische bei Gaißach, bevor er sich schließlich vom Münchner Architekten Hugo Roeckl, einem Neffen Gabriel von Seidls, ein Landhaus in der Nähe von Bad Tölz bauen lässt.

Das Tölzer Landhaus ist ein Idyll und Kindheitsparadies für die Mann-Kinder Erika, Klaus, Golo und Monika und sie genießen diese Sommermonate in Tölz. Mutter Katja wandert mit ihnen, spielt Tennis und lehrt ihnen im Klammerweiher das Schwimmen. Während Katja Mann in der Marktstraße ihre Einkäufe erledigt, sowie Griechisch liest und lernt, schreibt Thomas Mann an seinem literarischen Werk. So hatte er 1908 sein Buch „Königliche Hoheit“ in Bad Tölz fertiggestellt. 1911 beginnt er hier den Roman „Der Tod in Venedig“, welchen er ein Jahr später – erneut

Vorhergehende Doppelseite: Sommerhaus Thomas Manns und seiner Familie. Die Kinder von Thomas und Katja Mann verbrachten im Tölzer Landhaus eine paradiesische Kindheit von 1909 bis 1917. Von Klaus Mann stammt der Satz „Immer, wenn ich Kindheit denke, denke ich zuerst Tölz" (aus: „Kind dieser Zeit")

Hauseingang von Westen mit alten Bäumen und traumhaftem Park

Rechte Seite: Thomas und Katja Mann mit Golo auf dem Arm, auf der Treppe Klaus und Erika und der Hund Motz vor dem Eingang des Tölzer Hauses

in Bad Tölz – vollendet. Thomas Mann erinnert sich später: *„Ich lebte, als ich die Geschichte schrieb … allein mit den Kindern in Tölz [Katja hielt sich in diesem Sommer in Davos auf], und der bewegte Anteil, den zu Besuch kommende Freunde bei abendlichen Vorlesungen in meinem kleinen Arbeitszimmer daran nahmen, mochte mich auf das fast stürmische Aufsehen vorbereiten, das sie bei ihrem Erscheinen in der Öffentlichkeit erregen sollte."*

1913 beginnt Thomas Mann mit seinem Roman „Der Zauberberg". Die in dem Werk geschilderten Szenen im Schnee schöpft er aus Erinnerungen an den Winter 1914/15, den er mit seinen Kindern in seinem Tölzer Landsitz verbracht hatte. Vor allem aber über die Sommermonate wuchsen die Kinder Thomas Manns in Tölz auf. Klaus Mann hat sich oft an sein Kindheitsparadies erinnert, wie in seinen Werken „Kind dieser Zeit" und „Der Wendepunkt" nachzulesen ist: *„Was für eine Landschaft! Es gibt keine andere, die mir ebenso liebenswert schiene … Zu unserer Rechten das Sommerstädtchen Tölz mit seinen bemalten Häusern, seinem holprigen Pflaster, seinen Biergärten und Madonnenbildern. Um uns breitet sich die Sommerwiese; vor uns ragt das Gebirge, gewaltig getürmt, dabei zart verklärt im Dunst der sommerlichen Mittagsstunde"*.

Die kleinen Abenteuer und Spiele der frühen Tölzer Jahre hat Klaus Mann in seinem

Golo und Klaus Mann am Zwickerhof

Erika und Klaus Mann auf dem idyllischen Weg zum Zwickerhof

Rechte Seite: Monika, Golo, Klaus und Erika Mann in ihrem Sommeridyll in Tölz

Buch „Kind dieser Zeit" dokumentiert: *„Wir waren vier Kinder in Tölz: Erika, ich, Golo und Monika. … Erika war die rüstigste von uns. Sie konnte wie zwei Buben raufen und sah aus wie ein magerer, dunkler hübscher Zigeunerjunge, dessen braune Stirn sich manchmal trotzig verfinstert. Als einzige von uns beherrschte sie die bayerische Mundart, die ich niemals erlernt habe. Wenn eines von den Kindern des Zwickerbauern, mit denen wir manchmal spielten, sie fragte: ‚Ärika, magst an Äpfi?' konnte sie in ganz ähnlichen Tonfall antworten, was mir doch einfach unmöglich gewesen wäre."*

Auch heute noch kann man die von den Manns gepflanzte Lindenallee zum gepflegten Sommerhaus sehen. Dahinter wächst der durch Klaus Mann beschriebene geheimnisvolle Wald und auch das Steingrab des Lieblingshundes Motz ist noch vorhanden. Seit 1926 gehört das Sommerhaus den Armen Schulschwestern als Feriendomizil.

Doch über dem Eingang des Hauses erinnert ein Jugendstilornament mit Initialen an den eigentlichen Hausherrn: „ThM". Am Tor ein paar Zeilen aus dem „Zauberberg": *„Der Mensch soll um der Güte und Liebe willen dem Tod keine Herrschaft einräumen über seine Gedanken."*

„Das Paradies hat den bittersüßen Duft von Tannen, Himbeeren und Kräutern, vermischt mit dem charakteristischen Aroma des Mooses, das von Sonne durchwärmt ist, der großen mächtigen Sonne eines Sommertages in Bad Tölz. Die Lichtung, wo wir den Morgen mit Beerenpflücken verbringen, liegt mitten in dem schönen großen Wald, der gleich hinter unserem Haus beginnt. Gibt es irgendwo auf der Welt noch andere Wälder, die sich mit diesem vergleichen ließen? Gewiß nicht; denn unser Wald ist durchaus einzigartig.“

Klaus Mann, Der Wendepunkt

Linke Seite: Der Klammerweiher mit Umkleidekabinen, dahinter die Mühlfeldkirche und das Vorkarwendel

Herbst am Klammerweiher, in dem die Kinder Thomas Manns einst schwimmen lernten

„Über den Wiesenweg ging man zum Klammerweiher, in dessen moorigem Wasser ich so mühsam schwimmen lernte. Auf dem Arm meiner Mutter-auf Mieleins Arm mußte ich mich „auslegen"; was für gräßliche Angst ich immer hatte, sie könnte loslassen! Der Geruch dieses Moorwassers – unvergeßlich. Ich spüre die glitschige Berührung der Holzstange, die das Nichtschwimmerbecken vom gefürchteten Tiefen trennte. – Das Sprungbrett, von dem wir nicht sprangen, aber auf dem wir uns zu sonnen liebten, und wo die Damen aus Krankenheil ihre matten Scherze mit uns machten … Mielein konnte bis zu den Seerosen schwimmen; weiter ging es überhaupt gar nicht."

Klaus Mann, Kind dieser Zeit

Genuss und Erholung im Isarwinkel

Der Markt Tölz, der bis Mitte des 19. Jahrhunderts hauptsächlich durch seine Flößer, Brauereien, Kistler und durch den Salzhandel berühmt gewesen war, gewinnt von da an durch das heilende Jodwasser große Bekanntheit. Kaufleute, Offiziere, Privatiers, Gräfinnen und Baroninnen aus Petersburg oder New Jork reisen um die Jahrhundertwende nach Tölz, um im Jodwasser zu baden oder das heilende Wasser zu trinken.

Gefunden hat es der Bauernknecht Kaspar Riesch am Sauersberg, an der Ostseite des Blombergs. Als 1846 Prof. Sendtner von Riesch auf die Quellen aufmerksam gemacht wurde, fand er Versteinerungen von Meeresalgen an der Austrittstelle des Wassers. Er ließ eine sachgemäße chemische Untersuchung in München veranlassen und das Wasser wurde als jod- und schwefelhaltig eingestuft. Durch Dr. Gustav Höfler und Karl Raphael Herder wurde die Kur bekannt gemacht und es entstanden Sanatorien, Gästehäuser und eine hölzerne Wandelhalle, in der die Kurgäste die heilende Wirkung des Jodwassers genossen. Besonders war die Kur geeignet bei Schilddrüsenerkrankungen, Frauenkrankheiten, Hauterkrankungen, Blutdruck-, Herz- und Kreislauferkrankungen und sogar die Syphilis wollte man heilen. Prinzregent Luitpold verlieh Tölz im Jahre 1899 das Prädikat „Bad“.

Vorhergehende Doppelseite: Winter am Kirchsee, dahinter Kloster Reutberg und die Tegernseer Berge

Kurgäste und Urlauber fahren in die Eng ins Karwendelgebirge

Rechte Seite: Morgenstimmung am Kirchsee

Die Angebote beruhen auf traditionellen Behandlungen mit Jod und Moor, deren Vorkommen im Isarwinkel Tölz nicht ohne Grund zur Kurstadt werden ließen. Viele Kurgäste kommen seither zur Gesundung nach Bad Tölz und lassen sich durch wohltuende Anwendungen, Kurmittel und durch das Klima heilen.

Durch die Lage am Rand der Alpen gehört das Tölzer Land seit der Frühzeit des Tourismus im 19. Jahrhundert zu den prädestinierten und meistbesuchten Orten für Berg- und Wintersport sowie Kur- und Erholungsurlaube. Durch die landschaftlichen Vorzüge erweist es sich zudem als Paradies für Wanderer und Bergsteiger. In den geschützten Isarauen, an den landschaftlich reizvoll gelegenen Seen oder auf Wegen zu den verschiedenen Mooren kann sich der Naturfreund erholen und bei Radltouren in stille Gebirgstäler oder durch unverfälschte Bauerndörfer die Gegend genießen.

Im Winter verschaffen gespurte Loipen, präparierte Pisten und unberührte Hänge Langläufern, Alpinskifahrern und Skitourengehern genussreiche Stunden. Auf den zahlreichen zugefrorenen Seen und Weihern genießen Schlittschuhläufer das winterliche Vergnügen im Freien.

Ein beliebter Tölzer Hausberg ist der 1.248 m hohe Blomberg. Will man diesen nicht zu Fuß besteigen, bietet die Blomberg-

Linke Seite: Moorweiher und Seen laden zum erfrischenden Bad ein

Hygeia war die Göttin der Gesundheit in der antiken griechischen Mythologie. Eine Skulptur der Hygeia befindet sich in der Tölzer Trinkhalle. In der kombinierten Wandel-, Trink- und Konzerthalle wurde für zahlreiche Kurgäste bis 2005 Jodwasser ausgeschenkt (erbaut 1930)

Sesselbahn Kurzentschlossenen die Möglichkeit, auf bequeme Art zum Gipfel zu gelangen. Mutige Kletterer können im Hochseilgarten ihre Geschicklichkeit unter Beweis stellen. Ein Kunstwanderweg auf den Höhen des Blombergs lädt zum Verweilen ein und man gelangt nach einer Brotzeit wieder zu neuen Kräften. An Föhntagen bietet sich dem Wanderer ein herrlicher Rundblick vom Ammersee über den Starnberger See und die Osterseen weiter ins Isartal nach Bad Tölz. Jährlich findet hier das traditionelle Blomberg-Turnfest statt, bei dem sich die Teilnehmer in alten Disziplinen, etwa dem „Rankeln", ein Ringen um den Platz des Stärksten, im Steinstoßen und dem Werfen des „Tölzer Prügels" messen können.

Besonders beliebt ist bei vielen Gästen, im Winter nach einer guten Brotzeit auf der Alm mit dem Rodel ins Tal zu brausen. Die längste Sommerrodelbahn Deutschlands befindet sich auf der Nordseite des Blombergs und viele Ausflügler genießen die rasante Fahrt hinunter zur Talstation.

Doch die Tölzer Umgebung bietet nicht nur sportliche Betätigungsfelder und unberührte Natur zum Genießen. Nach viel frischer Luft und Bewegung bieten die Kurkliniken und Erlebnisbäder Jod- und Moorbehandlungen sowie Wohlfühlangebote zum Genießen und Erholen an.

Stress und Hektik hinter sich lassen – im Heißluftballon in alpinen Höhen bei Lenggries

Rechte Seite: Kirschbaumblüte im Isarwinkel

Tölzer Umland

Der Walchensee und die Jachenau

Eingebettet zwischen Herzogstand, Simetsberg, Hochkopf und Jochberg liegt der geheimnisvolle Walchensee. Es gibt verschiedene Annahmen zum Ursprung seines Namens. Dieser könnte von den „Walchen", den aus der antiken Besiedelung zurückgebliebenen Römern herrühren. Einige Orts-, Berg- und Familiennamen in dieser Gegend gehen heute noch auf diese Zeit zurück. Auch der Personenname „Walho" könnte namensgebend sein.

Schon im 8. Jahrhundert teilten sich zwei Klöster den See, d.h. das Fischrecht. Die Ostseite des Walchensees gehörte dem Kloster Schlehdorf und die Westseite dem Kloster Benediktbeuern. Im 11. Jahrhundert ließ Abt Conrad von Benediktbeuern die Wildnis um den See herum roden. Die ersten Siedler, die auf der Halbinsel Zwergern im Südwesten des Sees angesiedelt wurden, – die Zwerger – gaben ihr den Namen. Um 1120 wird am Walchensee eine „Herberge mit Schiffshütte" erwähnt. Auch ein Seesteig und ein Königsteig entlang des Sees wurden genannt. Im Winter fuhr man wegen oftmaliger Lawinenabgänge entlang der Verbindungsstraße an der Westseite des Sees mit dem Boot von Urfeld nach Zwergern. Dort fallen bei Niedrigwasserstand die über 400 Jahre alten, aus dem Ufergrund ragenden Holzpfähle auf. Dies sind letzte Überreste früherer Stege und Fischzuchtanlagen. Drei Fischerfamilien übten in Walchen-

Vorhergehende Doppelseite: Blick vom Herzogstand zum Walchensee und die Halbinsel Zwergern, dahinter das Karwendel

Linke Seite: Das Margarethenkircherl, im Hintergrund der Simetsberg (1.840 m)

Das Klösterl, erbaut von der Kurfürstin Marie-Antonie, Kaisertochter und Gemahlin des Kurfürsten Max Emanuels

see ihr Handwerk aus, als früheste die Familie Waltlbauer. Über ein halbes Jahrtausend gibt es nun diese Fischerdynastie in Walchensee.

Abt Otto von Benediktbeuern ließ 1269 im Ort Walchensee die Jakobuskirche erbauen. Der Heilige Jakob war der Patron der Pilger. Viele Pilger suchten die Kirche auf ihrem langen Weg über den Brenner nach Rom oder Santiago de Compostella auf. Die jetzige Kirche wurde 1603 erbaut und 1712–1714 trotz der notvollen Zeit barock umgestaltet. Das Deckenfresko stellt die Glorie des Heiligen Jakobus und die Schlacht gegen die Mauren dar.

Vom Ort Walchensee aus sieht man zur Halbinsel Zwergern und zum Klösterl. Es verdankt seine Entstehung der Habsburger Kaisertochter Marie-Antonie, Gemahlin des Bayerischen Kurfürsten Max Emanuel, die schon seit langem auf einen Prinzen hoffte. Sie ließ dort eine Eremitenklause bauen, die Mönche sollten für den Erbprinzen beten. Wegen des Bierkriegs zwischen den Klöstern Schlehdorf und Benediktbeuern mussten die Eremiten das Klösterl verlassen. Das Klösterl ist seit 1981 ein Jugendhaus des Bistums Augsburg.

Entlang der Pilgerroute reiste auch Johann Wolfgang von Goethe 1786 von München und Benediktbeuern kommend am Walchensee vorbei weiter nach Italien. Goethe war vom idyllischen Blick auf das

400 Jahre alte Holzpfähle für Fischzuchtanlagen des Klosters Benediktbeuern

Rechte Seite: Schiffshütten der Ortschaft Walchensee mit Fahrenberg

Klösterl, das er von der Poststation aus Walchensee sah begeistert. Obwohl er es eilig hatte, endlich ins Land seiner Sehnsucht zu kommen, zeichnete er in raschen Strichen das kleine Gotteshaus.

In Erinnerung geblieben ist ihm die Bekanntschaft mit einem „Harfner“ und seiner Tochter mit elf Jahren, einem schönen Mädchen aus dem Tölzer Land, das der Reisende in seiner Kutsche mitfahren ließ. „...hübsche große braune Augen, eine eigensinnige Stirn, die sich manchmal ein wenig hinaufwärts faltete ... all ihre Reisen habe sie zu Fuße gemacht, zuletzt in München vor dem Kurfürsten gespielt und sich vor 21 fürstlichen Personen hören lassen ... sie gehe nach Bozen auf die Messe, wo ich doch wahrscheinlich auch hinzöge.“ (Die Begegnung mit dem Mädchen fand in Goethes Gedicht „Mignon“ seine Niederschrift.)

Die über 500 Jahre alte, steile Kesselbergstraße ließ Prinzregent Luitpold mit vielen Kehren neu erbauen. Mit dem Neubau der Straße 1897 setzte eine große Bautätigkeit ein und Unruhe kam in den Ortschaften Urfeld und Walchensee auf. Dies war nun der kürzeste Weg von München zum Brenner.

Im Jahre 1918 feierte der berühmte Maler Lovis Corinth seinen 60. Geburtstag im Hotel Fischer am See. Er war von der Schönheit der Berge, dem südländischen Licht sowie vom klaren, türkisblauen Wasser

Die Staffelalm, beliebter Sommeraufenthalt des Malers Franz Marc

Stierkopf, von Franz Marc an die Innenwand der Staffelalm gemalt

Rechte Seite: Herbst am Walchensee

des Sees begeistert. Seine Frau ließ ihm in Urfeld ein Haus bauen, in welchem er in den folgenden Jahren die schönsten Bilder vom Walchensee malte.

„Der See wechselt in rätselhaften Farben und Stimmungen. Bald blitzt er wie ein Smaragd, bald wird er blau wie ein Saphir, und dann glitzern Amethyste im Ring mit der gewaltigen Einfassung von alten schwarzen Tannen, die sich noch schwärzer im klaren Wasser spiegeln. Darüber breitet sich das Hochgebirge und wieder über dem Ganzen in dunstiger Ferne und silbrigen Schimmer der gewaltige Wetterstein … Diese ganze Pracht ist so schön, dass sich die Feder, wenn sie nicht schon an und für sich widerborstig wäre, sträuben würde, all das Schöne niederzuschreiben. Zur Erklärung würde genügen, wenn ich als Maler kompetent bin, das zu sagen: eine bildschöne Gegend!“

Viele Sagen und Legenden ranken sich um den Walchensee, wegen seiner unheimlichen, dunklen Tiefe und seinen plötzlich aufkommenden Wellen. Mit 192 m ist er einer der tiefsten Seen in Bayern. Eine Sage handelt von einem Waller, der seinen Schwanz im Maul hält und bei Gottlosigkeit der Menschen diesen ausschnellen und somit ganz Bayern überschwemmen würde.

Im Sommer und an schönen Wochenenden erfährt der einzigartige See zwischen Herzogstand und Hochkopf großen Zulauf durch

Der Langbauer-Hof in Berg, Jachenau

Jachenauer Tracht, Barbara Oswald (Zantl) und Johann Oswald, Seppenbauer von Sachenbach am Walchensee, um 1890

Rechte Seite: Träumerei am Walchensee

Sport- und Naturfreunde. Schon Ludwig II. ließ einen Reitweg zum königlichen Jagdhaus auf dem Herzogstand bauen. Heute bringt die Kabinenseilbahn Bergbegeisterte zum Aussichtsberg empor.

Bereits im Jahre 1294 wird erstmals die uralte Siedlung Sachenbach am Ostufer des Walchensees erwähnt. Hier fand die erste Rodung der Jachenau statt. Der große Besitz wurde 1597 zweigeteilt. Auf der linken Seite der Seppenbauernhof und rechts der Jörglhof.

Vom Walchensee aus durch Fichten- und Tannenwälder in östlicher Richtung gehend, liegt auf der Anhöhe das Dorf Berg und im Tal die Siedlung Jachenau. Der Blick von Berg geht in das von West nach Ost ausgerichtete Tal. Das „Tal Nazareth", wie es genannt wurde, gehörte früher zum Kloster Benediktbeuern. Später wurde das Dorf nach dem Flüsschen Jachna – damals der einzige Ausfluss aus dem Walchensee – zu Jachenau umbenannt. Die Jachenau besteht aus vielen Einödhöfen und Weilern, die in dem 15 km langen Tal verstreut liegen. Man sieht herrschaftliche Höfe mit Fresken von bekannten Mittenwalder Malern, wie Karner oder Bickel. Viehzucht, Holzwirtschaft, Handwerksbetriebe und Urlaub auf dem Bauernhof sind jetzt die Einnahmequellen der Einheimischen. Die meisten Höfe besitzen Almen auf der Südseite der Benediktenwand, dem Rabenkopf-, dem Hirschhörndl-, dem Jochberg- und dem Staffelgebiet.

Auch einer der bedeutendsten Maler um die Jahrhundertwende, Franz Marc, war begeistert von den Naturschönheiten in Lenggries und den Jachenauer Bergen. Er gründete mit Gabriele Münter, August Macke, Wassily Kandinsky, Paul Klee u.a. die Künstlergruppe „Der Blaue Reiter". Auf der Staffelalm am Rabenkopf und in Lenggries verbrachte er mehrere Sommer bei seinem Freund, dem Senner Hans Müller aus Lenggries, und zeichnete Tierstudien. Im Sommer 1905 bemalte er die Wände und den Herd der Alm. Wenn man Glück hat und die Alm geöffnet ist, kann man Marcs Malereien bewundern.

Linke Seite: Sonnenuntergang am Walchensee

Rechts: Morgenstimmung

Der letzte Tag

Wenn aller Städte Tor und Türm gebrochen
und alle Flüsse fliehen
und aller Himmel Stern geendet
und sich dann einer an mich wendet
und spricht,
Du siehst,
verlassen sind die Menschen
Hof und Haus.
Du bist der Letzte.
Die Welt ist aus.
Du hast noch einen Tag,
was soll es sein?
Dann sage ich:
In Niedernach der Abendschein
und sage, ohne daß ich lange denke:
In Obernach noch eine Renke
und drüben noch ein still Gebet
auf Zwergern in St. Margaret.
So gebe ich zum guten End
mein Herz, oh Herr in Deine Händ.

Heinrich Biron

Almabtrieb beim Almbauerntag in der Jachenau

Rechte Seite: Hintertannerhof mit Kapelle

Lenggries

Im Herzen des Isarwinkels liegt Lenggries. Die Isar prägte hier mit ihren mächtigen Schotterablagerungen die nacheiszeitliche Landschaft im Gletschertal zwischen Brauneck und Geierstein. Der Wildfluss stand Pate für den landschaftlich reizvollen Isarwinkel. Und die Kiesbänke, die noch heute Griese genannt werden, gaben der Ortschaft den Namen: Aus dem langen Gries wurde Lenggries.

Die erste urkundliche Erwähnung der Ortschaft stammt aus der Zeit nach 1200. In einer Urkunde taucht ein „Udalricus de Lengingriez" auf. Bald findet sich ein weiterer Hinweis. In einer Schenkungsurkunde von 1257 ist ein „Wernherus Cellarius de Lengriesz" genannt. An diesen Gutsverwalter (lateinisch: cellerarius) erinnert noch die Wernhergasse in Lenggries.

Um 1100, also gut 100 Jahre bevor der erste Lenggrieser aktenkundig wurde, entstand die „Hohe Burg". Zu Füßen dieses herrschaftlichen Mittelpunkts im Isarwinkel und unter dem Schutz der Ritter jener späteren Hohenburg wuchs die Besiedlung. Die Burgherren ließen das unwirtliche Land roden und teilten es in lange Parzellen, die senkrecht zur Talrichtung verlaufen. Die typischen Hecken- und Baumreihen erinnern an die Anfänge dieser sogenannten Waldhufenflur.

Viehzucht sowie die Nutzung von Holz und Wasser bestimmten das Leben der Vor-

Vorhergehende Doppelseite: Die Lenggrieser Jakobskirche, der „Dom des Isarwinkels", im barocken Stil 1721 erbaut, dahinter das Brauneck, Ski-Abfahrten und Lifthänge

Manchmal wird die Isar auch heutzutage noch reißend, so bei langem Regen und bei der Schneeschmelze

Rechte Seite: Blick vom Seekar auf Lenggries, vorne links Schloss Hohenburg. An Lenggries vorbei schlängelt sich die Isar

fahren in der Gemeinde, die zu Beginn des 21. Jahrhunderts rund 9.700 Einwohner zählt. Die Landwirtschaft ist noch heute ein wesentliches Standbein im Wirtschaftsleben von Lenggries. Eine große Rolle spielt dabei nach wie vor die Holzwirtschaft in dieser waldreichen Landschaft. Mit fast 243 km² ist Lenggries schließlich die größte Gemeinde Bayerns.

Längst Geschichte ist die Flößerei, die ab dem 13. Jahrhundert bis Anfang des 20. Jahrhunderts für gewerbliches Leben auf und an der grünen Lebensader sorgte. Der 1924 begonnene Bau des Walchenseekraftwerks und die Errichtung des Sylvensteindamms 1959 haben der Flößerei längst das Wasser abgegraben. Strom aus den Turbinen des Kraftwerks war wichtiger geworden als die Wasserstraße der Flößer. Ihre Nachkommen bestreiten noch heute die Vergnügungsfahrten von Wolfratshausen nach München. Die Tradition lebt fort: 2009 erhielt Lenggries das seltene Prädikat Flößerdorf verliehen.

Lenggries ist bis heute ein Gebirgsort mit besonderem Charakter. Trotz eines steten Zuzugs und der Entwicklung als Fremdenverkehrsort gab es keinen Ausverkauf der Heimat. Das wirtschaftliche Leben ist bestimmt von einer gesunden Mischung aus Land- und Forstwirtschaft, Handel und Gewerbe sowie dem Tourismus. Früher brachte das Floß die Isarwinkler nach München. Heute kommen die Naherholung-Suchenden

Linke Seite: Den Isarweg entlang im herbstlichen Licht, mit Blick zur Isar, dahinter das Brauneck

Haflinger, Noriker und Kaltblutpferde werden im Isarwinkel hauptsächlich für die Leonhardifahrt gezüchtet

Kalkofen in Lenggries, zum Brennen von Isarkalksteinen. Anfang des 20. Jahrhunderts gab es zwischen Tölz und Lenggries etwa 15 Kalköfen. Die Kalksteine werden in die Öfen geschichtet und bei 1000°C gebrannt. Nach dem Löschen wurde der Kalk in Gruben aufbewahrt. Unmengen von Kalk brachte man auf Flößen nach München

aus der bayerischen Landeshauptstadt und mit ihnen auch Gäste von weit her nach Lenggries. Denn das Dorf am Fuße des 1.555 m hohen Braunecks ist winters und sommers ein lohnendes Ziel. Das mit Seilbahn und Skiliften erschlossene sowie mit Beschneiungsanlagen schneesichere Skiparadies am Brauneck haben die Münchner Skisportler und Wanderer schon in den 1920er Jahren zu ihrem Hausberg erklärt. Zwei Weltcuprennen (1980 und 1982) und die schnellen Lenggrieser Skimädchen machten den Ort weltweit bekannt.

Zu den Sehenswürdigkeiten des Ortes zählt die Pfarrkirche St. Jakob. Ihr 56 m hoher Turm mit der markanten Kuppel ist das weithin sichtbare Wahrzeichen von Lenggries. Die Barockkirche gilt als der „Dom des Isarwinkels“. Sie ist dem Pilgerapostel Jakobus d. Ä. geweiht. In einer Gruft der Pfarrkirche ist Graf Ferdinand Joseph von Herwarth beigesetzt. Er setzte sich nicht nur für den Neubau des 1722 eingeweihten Gotteshauses ein, sondern auch für den Bau von Schloss Hohenburg, das nach dem Großbrand der alten Burg im Juli 1707 errichtet wurde. Auf Graf Herwarth geht schließlich auch der bemerkenswerte Kalvarienberg zurück. Die Anlage mit der symmetrischen Treppe zählt zu den ältesten Kalvarienbergen Bayerns.

Von Lenggries aus brachten früher die Flößer die Erzeugnisse zu Kunden weit über die Grenzen des Oberlandes hinaus. Heute sind es die Schönheiten der Urlaubsregion, die die Gäste ins Voralpenland locken. Ob Besucher oder Ortsansässige – sie alle haben den Isarwinkel in ihr Herz geschlossen.

Alois Ostler

Oben links: Zwergglockenblumen wachsen auf steinigem Boden

Oben rechts: Arnika (Berg- Wohlverleih), eine seltene, geschützte Heilpflanze

Unten: Frauenschuh, Orchideengewächs, streng geschützt

Rechte Seite: Blick nach Wegscheid, zu den Lifthängen und zum Brauneck-Gipfel (1.555 m)

Linke Seite: Lenggrieser Spazierwege und Langlaufloipen

Oben links: Stattliche Bauernhöfe auf den Hochterrassen der Isar, dahinter der Geierstein (1.491 m)

Unten: Im Winter ist das Brauneck ein beliebtes Skigebiet

Lenggrieser Rossbesitzer

Rechte Seite: Im September fällt oft schon der erste Schnee in den Bergen von Lenggries

Wackersberg

Wer von Bad Tölz über den Kogel nach Wackersberg kommt, dem bietet sich am nördlichen Ortsrand einer der schönsten Ausblicke auf den Isarwinkel: Der Blick schweift von den Gaißacher Bergen im Osten über das Isartal nach Lenggries mit dem Karwendelgebirge im Hintergrund bis zur Benediktenwand und dem Blomberg im Westen. Vor dieser traumhaften Kulisse liegt das Dorf Wackersberg. Es scheint, als sei die Zeit auf dieser Anhöhe stehen geblieben.

Um gut 100 m überragt der Wackersberg hier die Isar. Der 4 km lange Hügel, den die letzte Eiszeit formte, ist namensgebend für den Ort und die langgestreckte Gemeinde. Die Besiedelung der 1,5 km breiten Erhebung geht auf das Kloster Schäftlarn zurück. 1195 wird die Örtlichkeit erstmals urkundlich erwähnt. Der Abt ließ damals den Berg roden, der „Waccherberch" genannt wurde. Das Bauerndorf blieb sechs Jahrhunderte unter dem Einfluss Schäftlarns. Erst mit der Säkularisation im Jahr 1803 endete die Grundherrschaft: Wackersberg wurde selbstständig. Im Zuge der Verwaltungsreform im Jahr 1818 wurde der Ort eine eigene politische Gemeinde.

Der spätgotische Satteltrum prägt heute die Ortsansicht. Die Pfarrkirche wurde im Jahr 1829 dem Wasser- und Handelspatron St. Nikolaus geweiht. Das heutige Gotteshaus ist bereits die dritte Kirche in der langen

Vorhergehende Doppelseite und linke Seite: Steinpyramiden an der Isar in der Nähe von Wackersberg

Das Dorf Wackersberg, dahinter Brauneck und Latschenkopf

Geschichte der Ortschaft. Das erste romanische Kirchlein, bei dem auch schon der heilige Nikolaus Pate stand, wurde um 1200 errichtet. Die zweite Wackersberger Kirche entstand im 15. Jahrhundert. Aus dieser Zeit sind die Chormauern und der Turm erhalten geblieben – der einzige mittelalterliche Kirchturm des Isarwinkels. Seit 1904 ist Wackersberg eine eigene Pfarrei.

Schon im Mittelalter hatte man am Kirchstein und an der Probstwand nach Erz geschürft – wenngleich mit magerem Ertrag. Der Name der Erzschürfer-Siedlung Arzbach geht auf diese Zeit zurück. Um 1280 ist auch die erste Erwähnung der Rodungssiedlung „Vischpach“ dokumentiert. Die drei Ortsteile Fischbach, Arzbach und Wackersberg mit ihren über 60 Weilern bilden die heutige Gemeinde Wackersberg.

Die rund 3.500 Einwohner sind stolz auf die Tradition ihrer Heimat. Sie fühlen sich dem Brauchtum verpflichtet; beispielsweise in der Antlaßschützenkompanie, die zu den ältesten Gebirgsschützenkompanien Bayerns gehört. Die rund 200 Schützen in ihren charakteristischen moosgrünen Monturen begleiten an Fronleichnam und bei der Erntedankprozession das Allerheiligste, die Monstranz, auf seinem Weg durch die Fluren.

Christlicher Prägung ist auch ein strenger Fasttag, den es nur noch in Wackersberg und

Idyllischer Kirchenweg

Erntedankprozession in Wackersberg

Rechte Seite: Winter am Wackersberg

Lenggries gibt: Am Sebastianitag (20. Januar) erinnern sich die Gläubigen an ein Gelübde ihrer Vorfahren aus der schrecklichen Pestzeit im Dreißigjährigen Krieg. Zum Innehalten mahnt auch ein kleines Gotteshaus in Lehen: Als 1638 die tödliche Seuche zum Erliegen kam, wurde dort zum Dank die Pestkapelle erbaut.

Mitte des 19. Jahrhunderts wurden in Wackersberg die Sauersberger Quellen entdeckt. Das saure, jodhaltige Heilwasser begründete den Aufstieg des Tölzer „Krankenheils". Diesem Wackersberger Jodwasser verdankt die Stadt Bad Tölz die Entwicklung zur Kurstadt, beginnend mit der Verleihung des Prädikats Heilbad im Jahr 1899.

Stadt und Land leben in guter Nachbarschaft – auch wenn die glanzvollen Zeiten der Tölzer Jodkur längst Vergangenheit sind. Während die Kurstadt ihr Gesicht ändert, bleibt Wackersberg auch im 21. Jahrhundert eine Landgemeinde, deren bauliche Entwicklung behutsam wächst. Landwirte pflegen und gestalten noch heute die Isarwinkler Kulturlandschaft, deren Anfänge bis 1200 zurückreichen. Ob Einheimische oder Zugezogene, Naherholer oder Urlaubsgäste – sie alle schätzen die vielfältige Schönheit in ganz Wackersberg.

Alois Ostler

Linke Seite: Die Wackersberger Blaskapelle an Fronleichnam

Pferde haben im Isarwinkel einen hohen Stellenwert

Folgende Doppelseite: Wackersberg – ein Wintermärchen

Isarwinkler Birnbrot

2 Tage zuvor das Teigerl für den Sauerteig zubereiten: 150 g Roggenmehl mit lauwarmem Wasser zu einem dünnen Teig verrühren und im warmen Zimmer stehenlassen. Jeden Tag etwas Mehl und warmes Wasser dazugeben. Am Abend zuvor 1 kg Roggenmehl und 500 g Weizenmehl vermischen und in die Mitte das Teigerl mit wenig Hefe, etwas Zucker und lauwarmem Wasser vermengen.

- 2 kg getrocknete Birnen
- 200 g getrocknete Zwetschgen
- 150 g getrocknete Feigen
- 100 g Sultaninen
- 150 g Zitronat und Orangeat gemischt
- 100 g Datteln
- 100 g Mandeln und 100 g Haselnüsse
- Etwas Zimt, gemahlene Nelken und Anis
- Ungespritzte Zitonenschale
- Einige Stamperl Obstler

Birnen über Nacht einweichen, dann kochen. Alle Früchte in grobe Streifen schneiden. Die Mandeln mit heißem Wasser überbrühen, danach zusammen mit den Haselnüssen – bis auf einen kleinen Teil, der zum Verzieren gedacht ist – grob hacken. Gewürze in den Birnensud und über die geschnittenen Früchte geben und gut mischen. Kein Zucker!
Sauerteig zubereiten: Salz, Anis, Fenchel, Koriander und etwas Kümmel zerkleinern und in das Mehlgemisch geben und vermengen. Außerdem etwas Hefe, Zucker und lauwarmes Wasser beigeben. Den Teig mischen und gut kneten. Etwas vom Teig in die Früchtemasse geben und mischen. Kleine Stücke vom gegangenen Teig abschneiden und ausrollen. Von der Birnenmasse kleine Wecken formen und auf den Teig legen. Mit Birnenbrühe Ränder einstreichen und gut andrücken. Gehen lassen und mit Birnenbrühe bestreichen. Auf ein bemehltes Blech setzen. Mit Mandeln und Haselnüssen verzieren. Im Backrohr (am besten im Holzherd) eine Stunde bei 180° C herausbacken.
Ein schönes Geschenk für gute Freunde.
Mit einem Glas Rotwein ein Genuss!

Gaißach

Das Dorf Gaißach liegt in einer von der Würm-Eiszeit geprägten Moränen-Landschaft. Das weit verstreute Siedlungsgebiet liegt auf einer Höhe von 660 bis 700 m. Ende des 8. Jahrhunderts wurde mit der Rodung und Besiedelung des rechten Isarhochufers begonnen. Schon 1200 v. Chr., in der Spätbronzezeit, gab es oberhalb der jetzigen Hochmoore und Streuwiesen Hügelgräber und Hochäcker.

Die erste Urtaufkirche des Isarwinkels stand in Gaißach, damals „Keizahu" genannt. Sie war sakraler Mittelpunkt des Isarwinkels und wurde bereits im Jahre 817 n. Chr. erstmals urkundlich erwähnt. Von alters her war die Segnung von „Tauff und Feuer" dort dokumentiert. Sie war dic erste christlich-germanische Kultstätte in der Gegend. Eine Urkunde aus dem Jahre 1268, welche die Verleihung von Gütern an einen gewissen Heinrich, genannt der „Gaizzacher", durch Bischhof Konrad II. von Freising bestätigt, dokumentiert den Ortsadel zu dieser Zeit.

Schon von Weitem sieht man die barocke Zwiebelturmkirche auf der Anhöhe. Vom Friedhof aus hat man einen außergewöhnlichen Blick ins Isartal und ins Karwendelgebirge. Der gotische Kernbau der Kirche ist vor allem im Inneren durch das Netzgewölbe erkennbar. Die Barockisierung der Kirche erfolgte Anfang des 18. Jahrhunderts mit den kostbaren Schnitzereien an den Altären und

Vorhergehende Doppelseite: Das Gaißacher Moor, am Hügel das Dorf Gaißach

Der Gaißacher Spielmannszug, Blaskapelle und Gaißacher Gebirgsschützen bei der Michaeli-Prozession

Rechte Seite: Auf dem Weg nach Gaißach

im Kirchenraum. Der Kirchenpatron, der Erzengel Michael, wird besonders verehrt. Die ganze Pfarrgemeinde nimmt an „Michaeli" (am 29. September) an einer festlichen Prozession durch die Gaißacher Fluren und Felder teil. Besonders sehenswert ist das barocke Heilige Grab, das in den Kartagen im Altarraum von St. Michael aufgestellt wird.

Ein einprägsamer Anblick ist es, die als Naturdenkmal geltende Gaißacher Heckenlandschaft vor den Gaißacher Bergen zu betrachten. Diese Hecken- oder Waldhufenflur war bereits im 11. Jahrhundert als Marschhufenflur an der Nordseeküste bekannt und wurde nach Schlesien, das Erzgebirge, ins Waldviertel und schließlich nach Bayern übertragen.

Der Wunsch zur eigenen Herrschaftsbildung veranlasste Richer III. von Reginried, die Wildnis am Fuße der Gaißacher Berge bis zum sogenannten Isarknie bei Winkl zu roden, sodass in der Folge unterschiedlich parallel verlaufende Hecken- und Baumreihen entstanden. Jeder Bauer konnte daraufhin das Vieh die Wege entlang der Baumreihen zur „Tratn" oder zur Alm treiben. Die Bäume und Sträucher waren darüber hinaus nützlich, um Werkzeug und Brennholz zu gewinnen und dienten als Bienenfutter, Abgrenzung und als Windschutz. Durch Erbteilung der Höfe entstanden Siedlungen am Talboden im Hochwasserbett der Isar, genannt Gries.

Entlang der großen Gaißach, einem Bach mit Ursprung in den Gaißacher Bergen, führt ein Teilstück des Bodensee-Königsee-Radweges. Das Gaißacher Moor, auch „Filzn" genannt, ist besonders im Frühjahr mit seinen naturgeschützten Blumen im Niedermoor sehenswert.

Gaißach ist auch durch die Fach-Klinik für chronisch kranke Kinder und Jugendliche bekannt. Die erste größere Spezialklinik für Kinder wurde bereits 1930 am Südhang von Gaißach-Dorf von Dr. Philipp Zoelch erbaut.

Besondere Ereignisse im Jahreskalender von Gaißach sind die religiösen Feiertage,

Linke Seite: Kirschbaumblüte, im Tal die Gaißacher Heckenlandschaft, dahinter Brauneck und Benediktenwand

Rechts: Gaißacher Schnabler

wie die Fronleichnams- und Michaeli-Prozession. Das ganze Dorf nimmt an den traditionellen Festen im Jahreskreis teil. Durch grüne Fluren und Obstgärten der Bauern ziehen die Geistlichkeit, Mädchen mit dem Mieder, Bäuerinnen mit ihren prächtigen Festtagstrachten sowie schneidige Gebirgsschützen und die Gaißacher Blaskapelle.

Tradition, Brauchtum und Volksmusik werden seit jeher in Gaißach groß geschrieben. Einige Volkssänger und Musikanten hatten hier ihre Heimat. Der Volksmusiksammler Kiem Pauli besuchte oft zum Musizieren den „Kraudn Sepp“ und seine Familie. Der Volksmusikfreund war begeistert von ihrem urwüchsigen Gesang und dem echten Zitherspiel. In der Faschingszeit ist Gaißach berühmt durch das einmalige Schnablerrennen. An der waghalsigen Fahrt mit Hörnerschlitten, sogenannten Schnablern, den steilen Gerstlandhang hinunter dürfen nur Gaißacher teilnehmen. Die originell maskierten Burschen springen mit hoher Geschwindigkeit am Ende der Abfahrt weit über den Buckel, wobei oft ein Schnabler beim Aufsetzen am Hang zu Bruch geht. Nicht umsonst spricht man voller Respekt von den Gaißachern als „der dritten Raß“!

Bäuerin im Schalk (Festtagstracht) mit Kräuterbuschen am Fest Mariä Himmelfahrt (15. August)

Rechte Seite: Schützenkompanie Gaißach

Linke Seite: Morgenstimmung bei Gaißach

Gaißacher Blaskapelle

Isarwinkler Bauerngärten und die Tölzer Rose

Die Bauerngärten sind die älteste Form der Gartenkultur und der Beginn jahrtausendalter Gartengeschichte. Sie sind zeitlose Paradiese, die auf alte Traditionen zurückschauen.

Unter dem Einfluss der Klöster im ersten Jahrtausend der Zeitrechnung wurde der Bauerngarten entscheidend geprägt. Später wurden Burg- und Apothekergärten angelegt und viele Elemente wurden von Bäuerinnen übernommen. Stilelemente barocker Gestaltung und Pflanzenwahl haben den Bauerngarten vorteilhaft bereichert: das Wegekreuz garantiert eine übersichtliche Bewirtschaftung, der Brunnen befindet sich meist in der Mitte, Buchseinfassungen sowie auflockernde Rosenbögen wurden geschaffen und verschiedene Nutz- und Zierpflanzen angebaut.

Heute erlebt der Bauerngarten eine Renaissance. Er soll eine naturgemäße Mischkultur auf kleinem Raum verwirklichen.

Zunächst gab es nur Wildrosen in Europa. Die gefüllten duftenden Rosen stammen aus dem Vorderen Orient. Im Altertum wurde in Griechenland und Italien die Rose sehr verehrt und war den Göttern geweiht. Es gibt Hinweise, dass Rosen um 1000 n. Chr. in Klostergärten im westlichen Europa angepflanzt wurden. Erst später gab es in Burg- und Apothekergärten diese alten Rosensorten. Die Rose konnte anschließend Einzug in die Bürger- und Bauerngärten finden. Die „ge-

Vorhergehende Doppelseite: Eine Jachenauer Bäuerin in ihrem Garten, der Orterer Hof liegt am Anfang der Jachenau, Am Orth. Bedeutende Männer kamen von diesem Hof: die Amorts

Linke Abbildung: Die Tölzer Rose, auch Bauernrose genannt

Rechte Abbildung und rechte Seite (Detail): Anna Maria Kyrein, am Mieder eine Centifolien-Rose. Die Kyreins waren eine bedeutende Kaufmannsdynastie in Tölz. Rosa Centifolia, die hundertblättrige, duftende Rose konnten sich nur reiche Patrizier leisten. Sie war ein Sinnbild für Schönheit, Reichtum und Vollkommenheit. Später pflanzten auch Bürger und Bauern diese duftenden Rose

füllte alte Rose“ hat in Tölz eine lange Tradition. Auf bemalten Häusern, in barocken Kirchen, auf Bildern im Stadtmuseum sowie auf den Tölzer Truhen wurde sie abgebildet. In Gärten pflegt man heute wieder die duftenden alten Rosen. Die Rose ist ein Sinnbild für Schönheit, Vollkommenheit und Reinheit.

Die Tölzer Kästen wurden zwischen 1800 und 1840 mit der namensgebenden Tölzer Rose bemalt. Tölzer Kistler fertigten eine große Anzahl dieser Schränke und Himmelbetten an und flößten diese bis nach München. Sie fanden reißenden Absatz auf Münchner Dulten. Im Tölzer Stadtmuseum kann man heute noch diese besonderen Kästen, Truhen und Himmelbetten bewundern.

Rosen aus vergangenen Tagen sind von besonderer Schönheit, unvergleichlichem Duft und einem einzigartigen Charme. Sie finden seit einiger Zeit wieder Einzug in unsere heimischen Gärten. Namen wie „Königin von Dänemark“, „Souvenir de Malmaison“ oder „La Reine Viktoria“ zeugen von ihrer Herkunft. Seit 1999 gibt es in Bad Tölz in den Pfingsttagen die bekannten Rosen- und Gartentage. Der Rosenliebhaber kann sich von der Vielfalt und Blütenpracht im Franziskanergarten bezaubern lassen.

Himmelbett aus dem Stadtmuseum. Tölzer Kistler fertigten die Schränke und Himmelbetten an und die Frauen bemalten sie mit den stilisierten „Tölzer Rosen“ (Apfel- oder Spindelrosen)

Das Roseninnere

Wo ist zu diesem Innen ein Außen?
Auf welches Weh legt man solches Linnen?
Welche Himmel spiegeln sich drinnen
in dem Binnensee dieser offenen Rosen,
dieser sorglosen, sieh:
wie sie lose im Losen liegen,
als könnte nie eine zitternde Hand sie verschütten.
Sie können sich selber kaum halten;
Viele ließen sich überfüllen und fließen
über von Innenraum in die Tage,
die immer voller und voller sich schließen,
bis der ganze Sommer ein Zimmer wird,
ein Zimmer in einem Traum.

Rainer Maria Rilke

Rosenbowle

Die Rosenbowle schmeckt am besten mit frischen Blütenblättern von duftenden historischen Rosensorten, die es nur in den Rosenmonaten Juni und Juli gibt!

- 300 g frische Rosenblätter
- Wenig Zucker, nach Bedarf
- 5 cl Himbeergeist oder -likör
- 1/2 Flasche trockener Weißwein
- 1 Flasche Sekt

Blütenblätter mit Zucker und Himbeergeist ansetzen. Über Nacht im Kühlschrank ziehen lassen. Anschließend abseihen und vor dem Servieren mit Sekt und Wein aufgießen. Zu guter Letzt mit frischen Rosenblütenblättern schwimmend dekorieren.

Isarwinkler Feiertage

Die Isarwinkler halten die Feiertage im Jahreslauf in Ehren. Das Brauchtum differenziert von Ort zu Ort in Details, ist aber in den Grundzügen meist ähnlich. Der bäuerliche Jahreskreis begann früher mit Mariä Lichtmess (2. Februar). Das war seinerzeit der sogenannte Schlenkeltag. An diesem Tag wurde den Dienstboten der Jahreslohn ausbezahlt und sie konnten die Stelle wechseln.

Die Feier der Karwoche fängt mit dem Palmsonntag an. Vor den Kirchen segnen die Geistlichen die Palmbuschen, die an langen Stangen aufgesteckt sind. Voller Stolz tragen die Buben die Palmstangen zur Kirche und bringen die Buschen im Anschluss zu den Familien der Angehörigen und Nachbarn. In den Häusern finden die Palmbuschen dann ihren Platz im Herrgottswinkel. Am Morgen des Ostertags – in Wackersberg bereits am Karsamstag – wird vor den Kirchen das Osterfeuer entzündet und geweiht. Wieder ist es die Aufgabe der Buben bis zum Firmungs-Alter, das geweihte Feuer gegen ein kleines Entgelt in die Häuser der Nachbarn, Verwandten und Bekannten zu bringen. Sie entzünden dazu getrocknete Baumschwämme, die an einem dicken Draht befestigt sind und bringen sie durch kräftiges Schwingen zum Glühen. In den Häusern wird ein Stück des glimmenden Osterschwamms abgeschnitten oder ein damit angefachter Zunder (ein kleines Stück eines Baumschwamms) in den Herd geworfen.

Vorhergehende Doppelseite: Wackersberger Bäuerinnen an Fronleichnam

Alte Tölzer Mädchentracht an Leonhardi

Ein Truhenwagen mit Bäuerinnen im Schalk an Leonhardi

In der Osternacht und auch am Ostertag findet in den katholischen Kirchen die Speisenweihe statt. In einem kleinen Korb bringen die Frauen unter anderem Brot, Eier, Salz, Geräuchertes und ein (gebackenes) Osterlamm zum Gottesdienst. Nach dem Kirchenbesuch wird der Tisch mit dem „Weich" gedeckt – den geweihten Speisen. Zu den weltlichen Vergnügen zählt an den Ostertagen das „Oarscheibn". Nicht nur die Kinder freuen sich auf das Gesellschaftsspiel, bei dem man Eier über zusammengebundene Besen- oder Rechenstiele rollen lässt. Dabei gilt es, die Eier der Mitspieler zu treffen, auf denen Geldstücke liegen.

Am 1. Mai wachsen allerorten die Maibäume in den Himmel. Am frühen Morgen werden die Fichten gefällt, entrindet und zum Aufstellort gebracht – meist neben dem Wirtshaus. Geschmückt nur mit einer Daxen-Girlande und einem Kranz soll der Baum bis zum Mittagsläuten stehen.

In Ehren gehalten wird im Isarwinkel das Fronleichnamsfest (am 2. Donnerstag nach Pfingsten) als einer der größten kirchlichen Feiertage. Das ist vor allem der Tag der Gebirgsschützen. Die traditionsreichen Kompanien, die es noch in jeder Isarwinkler Gemeinde gibt, sowie die örtliche Blaskapelle, Frauen und Mädchen in der Festtagstracht, Kinder und Jugendliche begleiten in einer festgelegten Zugordnung die Prozessionen mit dem Allerheiligsten, das der Pfarrer in

DAMEN- u. HERREN
FRISEUR
INTERSPORT
SPORT PETER
Schuhhof
CLICK

Linke Seite: Goaßlschnalzn (Peitschenknallen) in der Marktstraße nach der Leonhardifahrt

Ellbacher Truhenwagen am Kalvarienberg

Schmalznudl, Kirchweihnudl und Almnussen an Kirchweih

der Monstranz durch die Fluren trägt. An den vier Evangelien-Altären spendet der Geistliche den Segen, und nach der Prozession feuern die Schützen Ehrensalven ab.

Heidnischen Ursprungs ist dagegen das Sonnwendfeuer, das zum Johannitag am 24. Juni auf vielen Isarwinkler Berggipfeln abgebrannt wird. Die ehemals germanische Dämonenabwehr durch das Feuer ist heute ein heiterer Volksbrauch, der an den jährlichen Höchststand der Sonne erinnert. Kaum, dass der Sommer in den Isarwinkel gezogen ist, werden die Tage schon wieder kürzer.

Am 15. August feiert die Kirche Mariä Himmelfahrt. Es ist nicht nur das älteste und höchste Marienfest, sondern auch ein Feiertag, an dem die jungen Mädchen zu ihrem Recht kommen. Sie tragen die Kräuterbuschen in die Kirche, die sie mit ihren Müttern aus Heilkräutern und Blumen liebevoll zusammengebunden haben. Die Zusammenstellung ist von Ort zu Ort verschieden, doch in jedem Strauß kommt das Wissen um die Heilkraft der Pflanzen zum Ausdruck. Die Isarwinkler Mädchen bringen die Kräuterbuschen zu Verwandten und Bekannten, wo sie – wie die Palmbuschen der Buben – ihren Platz meist im Herrgottswinkel finden. In manchem Haus werden Teile des getrockneten Kräuterbuschens bei einem schweren Gewitter im Herd verbrannt.

Das Kirchweihfest am dritten Sonntag im Oktober hat längst die Bedeutung ein-

Linke Seite: Almbauerntag in der Jachenau

Fronleichnamsprozession in Wackersberg

gebüßt, das es in früheren Jahrzehnten hatte. Damals wurde auf den Bauernhöfen, wo es lange nicht jeden Tag Fleisch gab, kräftig aufgetischt. Auf vielen Höfen wurde zum „Kirta“ (so die bayerische Bezeichnung des Festtags) geschlachtet. Die Bäuerin tischte Schmalzgebäck auf – die Kirtanudeln.

An Allerheiligen gedenkt man auf den Isarwinkler Friedhöfen der verstorbenen Angehörigen. Patenkinder erhalten von ihren Paten an diesem Tag einen Allerseelenzopf und ein kleines „Zopfgeld“. Nach ihrer Hochzeit sind die Patenkinder in der Pflicht. Sie beschenken nun ihren Göd beziehungsweise ihr Godel, wie man Pate und Patin im Isarwinkel noch heute nennt.

Am 6. November führen alle Wege in die Kreisstadt. Die Tölzer Leonhardifahrt ist das wohl schönste Glaubens- und Brauchtumsfest seiner Art. Stadt und Land feiern den Ehrentag des Viehpatrons – und Tausende von Zuschauern säumen die Straßen. Über 80 ausnahmslos vierspännige Wagen und zahlreiche Einzelreiter beteiligen sich an der Wallfahrt zum Kalvarienberg, wo Ross und Reiter den Segen empfangen. Bad Tölz ist an diesem Festtag im Ausnahmezustand – bis spät in die Nacht. Die Pferdesegnung wird auch in Lenggries und Wackersberg in Ehren gehalten. Allerdings weitaus bescheidener mit einem Leonhardiritt.

Der Jahreskalender geht auf die „staade Zeit“ zu. Adventskranz und Nikolausabend sind allerorten bekannt. Der Besuch der Christmette am Heiligen Abend liegt vielen Isarwinklern am Herzen.

Alois Ostler

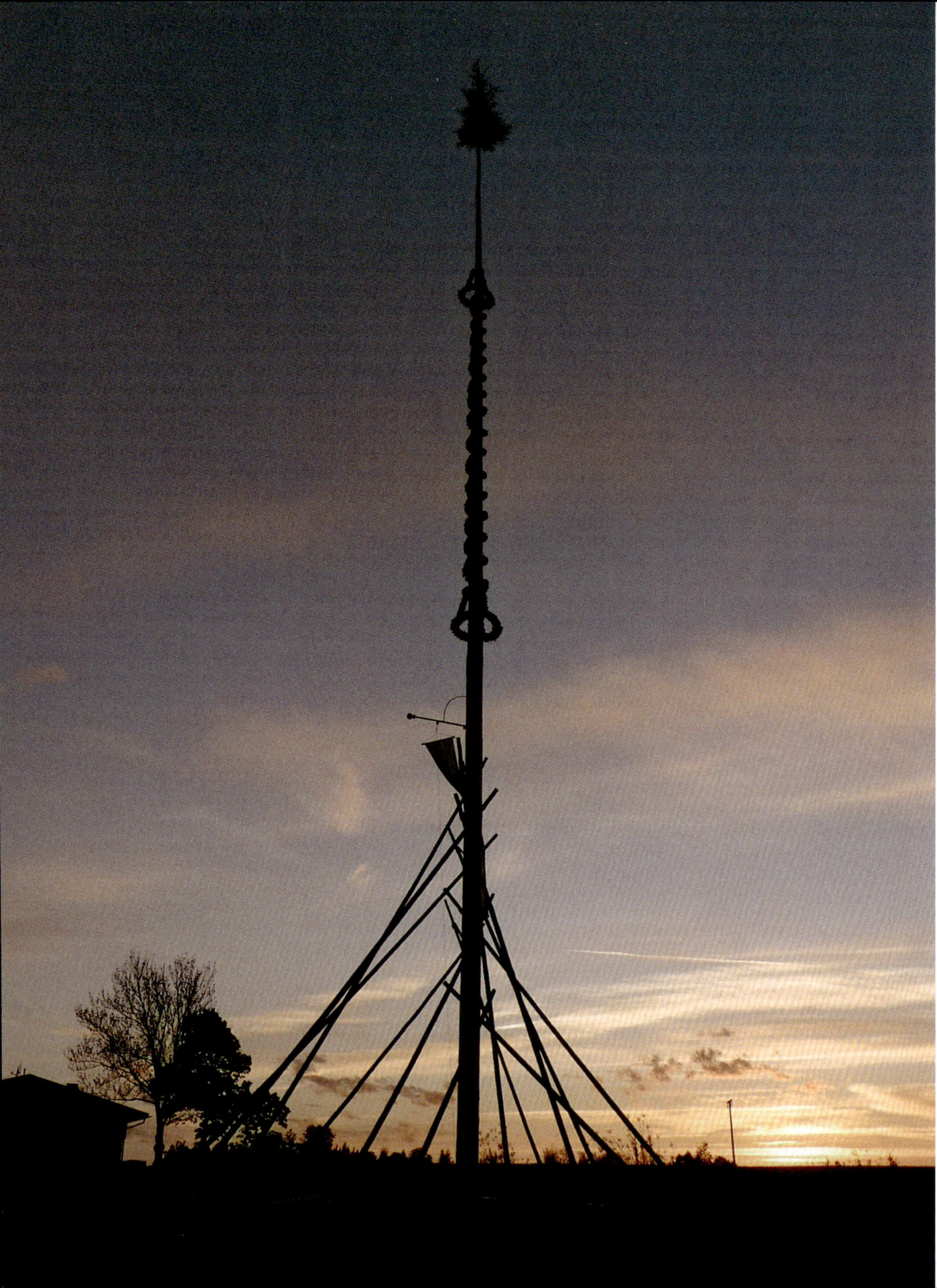

Ellbachs neuer Maibaum bei Sonnenuntergang am 1. Mai

Rechte Seite: Um 12 Uhr muss der Maibaum stehen

Folgende Doppelseite: Bauernhaus bei Lenggries, dahinter das Brauneck und Skihänge

Almnussen

- 500 g Mehl
- 30 g Hefe
- 1/8 l Milch
- 40 g Butter
- 1/8 l Rahm
- 80 g Zucker, Prise Salz
- Etwas abgeriebene Schale Zitrone
- 2 Eier
- 50 g Rosinen, in Rum gelegt
- Zucker mit echter Vanille
- Ausbackfett: 2/3 Pflanzenfett, 1/3 Butterschmalz

Das Mehl in eine Schüssel geben, Eier, Zucker, Butter und eine Prise Salz dazu. Die Hefe in einem kleinen Schüsserl zerbröckeln, etwas Zucker darüberstreuen, lauwarme Milch über die Hefe gießen und an einem warmen Ort gehen lassen. Nach etwa 15 Minuten die Hefe zu dem Mehlgemisch geben und dazu den lauwarmen Rahm. Alles zu einem glatten, festen Hefeteig schlagen. Am Schluss die in Rum gelegten Rosinen untermischen. Den Teig zugedeckt eine halbe Stunde ruhen lassen. Dann das Backfett auf dem Ofen erhitzen. Kleine, nussgroße Portionen mit den Händen vom Teig zupfen und zu Bällchen formen. Im heißen Fett schnell backen und gut abtropfen lassen. Noch heiß in einem Gemisch aus Zucker und ausgeschabter Vanilleschote wenden.

Moore und Seen

Wanderer im schwarzen Wind, leise flüstert das dürre Rohr in der Stille des Moors. Am grauen Himmel ein Zug von wilden Vögeln folgt; Quere über finsteren Wassern.

Georg Trakl

Hochmoore und Felsregionen sind die letzten echten Naturlandschaften. Bayern ist nach Niedersachsen das an Mooren reichste Bundesland Deutschlands.

Der Isarwinkel wurde durch die Einwirkungen der Eiszeit geprägt. Bis vor 20.000 Jahren, während der Würm-Eiszeit, drangen die alpinen Eismassen ins süddeutsche Alpenvorland vor. Der Isargletscher, gespeist durch den Inngletscher, der sich über den Seefelder Sattel schob, machte sich dabei bereits vorhandene Talsysteme zu Nutze. Über 600 m dick war die Eismächtigkeit und sie reichte über die Gipfel des Blombergs und des Rechelkopfes. Die Eismassen breiteten sich fächerförmig aus und eine riesige Menge von Moränenmaterial wurde mitgeschleppt.

In den von Eisströmen eingetieften Zungenbecken bildeten sich vor etwa 10.000 Jahren der Ammersee, der Starnberger See, der Wolfratshauser und der Tölzer See. Der Isargletscher baute drei hintereinander liegende Endmoränenwälle auf, die heute das Landschaftsbild bestimmen. Die äußerste Ausdehnung des Gletschers reichte bis nach Schäftlarn. Es entstanden ausgedehnte Schotterflächen, die bis ins heutige München reichten (Münchner Schotterebene).

Auf den eisfrei gewordenen unwirtlichen Flächen entstand allmählich eine Tundrenlandschaft. Zu Flechten und Moosen kamen

Vorhergehende Doppelseite: Morgenstimmung am Kirchsee

Linke Seite: Dezemberschatten im Ellbacher Moor

Abschied vom Sommer

Zwergsträucher und Gräser dazu. Schließlich reicherten sich im Schilfgürtel Seggen, Schwarzerlen, Schlamm und Pflanzenreste an. Die Wasserfläche wurde immer kleiner. Der See verlandete und wurde zu einem Niedermoor, wie die Gaißacher Filze, das Ellbach-Moor, die Kirchsee-Filze. Bogenförmige, bewaldete Moränenhügel umgeben zum Teil einige Seen und Moore. Dort treffen wir heute typische Pflanzen wie die Kiefer, die Birke, Seggen sowie den Stengellosen Enzian an.

Hochmoore sind nährstoffarme, saure und nasse Lebensräume. Sie haben keinen Kontakt zum Grundwasser und beziehen ihre Feuchtigkeit, im Gegensatz zu Niedermooren, lediglich aus Niederschlägen. Im sauren Boden spielt die beherrschende Rolle das Torfmoos Sphagnum, das dreißig Mal so viel Wasser speichern kann wie sein Eigengewicht beträgt. Man findet im nährstoffarmen Hochmoor keine Blumen, sondern nur Gräser wie das Wollgras, Sauergräser und Sonnentaugewächse. Weiter finden sich dort Moorbirken, Latschen (Bergkiefer), Moos- und Heidelbeeren.

Bis in die 1950er Jahre wurde im Moor Torf abgebaut. Gestapelt und getrocknet konnte er zum Heizen verkauft werden. Das Mähgut von den Niedermooren wurde in sogenannten Drischen aufgebaut, welche die Bauern im Winter mit Hörnerschlitten

Gefiederte Kuckuckslichtnelke

Schwalbenwurzenzian, geschützt

Geflecktes Knabenkraut, Orchideengewächs, geschützt

Rechte Seite: Morgendliche Gewitterstimmung am Kirchsee

durch das gefrorene Moor zu ihren Stallungen beförderten. Mitglieder der Künstlervereinigung des „Blauen Reiter", wie Franz Marc und Gabriele Münter, die in der Nähe des Murnauer Moores ansässig waren, hielten diese wunderbaren Gebilde in vielen Werken fest.

Durch künstliche Entwässerung der Moore und die nicht mehr vollzogene Streuwiesenmähung konnten sich Büsche und Fichten ansiedeln, was letztendlich zum Austrocknen der Moore führte. Die „Tölzer Moorachse", ein einzigartiger Zusammenschluss verschiedener Naturschutzorganisationen (u.a. Landratsamt und Bauernverband), arbeiten erfolgreich gegen die Austrocknung dieser Feuchtbiotope. Der Bund Naturschutz mäht im Herbst viele Streuwiesen und schneidet aufkommende Bäume. So verkrauten die blumenreichen Niedermoore nicht und man kann weiterhin die floristischen Schatzkästchen in den Mooren bewundern.

Besondere Eindrücke erlebt man zu jeder Jahreszeit beim Spaziergang durch das Gaißacher und das Ellbacher Moor. Das am nördlichen Rand von Tölz gelegene Dorf Ellbach begründet seinen Namen nach dem Bach, der durch das Moorgebiet verläuft: „am Bach, wo die Elche grasen".

Am östlichen Rand des Kirchsees befindet sich bei Sachsenkam, das Franziskanerinnen-

Linke Seite: Herbst im Ellbacher Moor

Eiche an einem Moränenhügel beim Ellbacher Moor

kloster Reutberg. Die herrliche Lage macht Reutberg als Wallfahrts- und Ausflugsziel im Alpenvorland beliebt.

Graf und Gräfin Papafaba ließen im Jahre 1606 den Hügel roden (reuten) und eine kleine Loretokapelle erbauen, benannt nach einem damals sehr berühmten und beliebten Wallfahrtsort in Italien. Anna Papafaba ließ 1618 ein Kloster erbauen. Schon nach kurzer Zeit entwickelte sich eine rege Wallfahrt. Für die Bewirtung der Pilger wurde 1677 ein kleines Brauhaus gebaut. Das Kirchenschiff der Loretokirche mit der Gnadenmadonna aus Italien wurde 1733 barock ausgestattet. Eine Besonderheit darin ist das aus Bethlehem stammende „Reutberger Christkindl". 100 Jahre war es in der Geburtsstätte Christi zu Bethlehem und wird seitdem hoch verehrt.

Ein Spaziergang entlang des Moores zum Kirchsee wird in besonderer Erinnerung bleiben.

Linke Seite: Abendstimmung am Kirchsee

Im Moor der erste Frost

Torfabbau im Ellbacher Moor um 1950

Rechte Seite: Der Kirchsee und Kloster Reutberg am Morgen

Auf einsamen Berggipfeln

Wenn man vom Kalvarienberg ins Isartal blickt, erkennt man links und rechts der Isar die bewaldeten Vorgebirge des Alpenrandes. Im Isarwinkel sind dies der Blomberg und der Zwiesel sowie die Gaißacher Vorberge. Ein einmaliger Blick bietet sich dem Wanderer vom Gipfel des Blomberges nach Bad Tölz ins Isartal und zu den oberbayerischen Seen.

Von München in Richtung Alpen fahrend sind bereits von Weitem das Brauneckgebirge und der markante Gebirgskamm der Benediktenwand sichtbar. In den Felsregionen verlaufen unterschiedliche Höhenwege entlang zur Benediktenwand (1.801 m). Dort verspricht der höchste Gipfel im Isarwinkel eine herrliche Rundumsicht vom Starnberger See zum Wendelstein, vom Karwendelgebirge bis hin zur Zugspitze.

Der Bergwanderer und Naturgenießer kann sich an unzähligen Berggipfeln und Almwanderungen vom Isarwinkel ins Jachenauer Tal sowie Übergängen in die Tegernseer Berge erfreuen. Bei Sennerinnen auf den Almen findet man noch die sprichwörtliche Gastfreundschaft. Selbstgemachter Käse, Butter, Milch und sogar ein frisches Bier auf der Alm sind nach den körperlichen Anstrengungen eine echte Belohnung. Auf der Höhe angekommen, ist man gebannt von den magischen Orten mit Ausblicken in weite Talkessel, einsame Almgebiete inmitten unverfälschter Naturschönheit.

Vorhergehende Doppelseite: Im Tal die silberne Isar, am Horizont die Halserspitze, die Blauberge und herausragend der Guffert

Tiroler Grenzstein im Demmeljochgebiet

Ein erfrischender Wasserfall in den Jachenauer Bergen

Rechte Seite: Bayerischer Grenzstein aus dem Jahre 1557 markiert die Grenze zwischen Bayern und Tirol

Der Gipfel der Hochalm (1.472 m) bietet dem Bergwanderer einen eindrucksvollen Blick nach Norden ins Isartal entlang des mäandernden Flusslaufes sowie nach Süden auf die gesamte Kulisse des Karwendelgebirges. Bereits beim Aufstieg entlang des abwechslungsreichen Weges begegnen dem Naturliebhaber naturgeschützte Bergblumen. Eine besondere Wohltat ist es, beim Abstieg von den Isarwinkler Bergen in erfrischende Wasserfälle oder Gumpen einzutauchen.

Auch das Jachenauer Berggebiet bietet dem Wanderer lohnenswerte Gipfel: das Hirschhörndl, der Rabenkopf und der Jochberg verschaffen einen eindrucksvollen Blick zum Herzogstand, Heimgarten und ins Tal zum Walchensee. Richard Wagner und König Ludwig II. verbrachten einige Sommertage am Hochkopf oberhalb des Walchensees.

Vom Isartal erkennt man die charakteristische Pyramide des Juifen (1.987 m). Es schließen drei Jöcher mit dem 1.923 m hohen Gipfel des Demmeljochs an. Der Aufstieg zieht sich über schmale Steige und dicht bewachsene Latschenhänge. Die Ausdauer des Wanderers wird durch den einzigartigen Ausblick am Gipfelkreuz belohnt. Im Herbst ist nicht selten beim Talwärtsgehen in der Dämmerung das unheimliche Röhren der brunftigen Hirsche zu vernehmen.

Das weithin sichtbare Kar des Schafreuters ist vom gesamten Isartal als charakteristischer

Steinböcke im Benediktenwandgebiet

Rechte Seite: Demmeljochkreuz (1.923 m), links im Hintergrund das Isartal

Gipfel des Vorkarwendels sichtbar. Die Bergmesse an der Tölzer Hütte am 2. Sonntag im Oktober ist der Abschluss des Bergsommers im Isarwinkel und ein besonderes Erlebnis, vor der Kulisse des Karwendelgebirges den Weisen der Bläser zu lauschen.

Das Karwendelgebirge war und ist bis heute das bevorzugte Jagdgebiet der Wittelsbacher und Luxemburger Adelsfamilien. Gamswild und Hirsche sind im Karwendel heimisch, so gab es seit jeher auch viele Wilderer. Dramatische Wilderergeschichten und Wildschützenlieder zeugen noch von der damaligen Zeit.

Ein besonders eindrucksvolles Gebiet am Beginn des Rißbachtales in der Eng ist der „Große Ahornboden“. Einzigartig machen den „Großen Ahornboden“ die 300 bis 600 Jahre alten Bergahornbäume auf einer ebenen Fläche in 1.200m Höhe. Bei herbstlicher Färbung der Ahornbäume beeindruckt dieses einmalige Naturschauspiel inmitten der atemberaubenden Bergkulisse des Karwendels.

Mit den letzten Sonnenstrahlen im Oktober neigt sich der Bergsommer dem Ende zu. Auf den Berggipfeln im Karwendel liegt schon der erste Schnee.

Almabtrieb beim Almbauerntag in der Jachenau

Rechte Seite: Blick vom Seekarkreuz zur Isar und nach Lenggries

Schöna Summa, bist scho umma,
bist uns wia'ra Diab ganz stad davo.
Drunt im Grabal liegt scho s'Labal
Aba rauschn tuat's no.
Üba d'Alma bin i's ganga,
Mit dir an ganzn Tag weit.
Dös war ma vom Summa
Die liabaste Zeit.
Und jetz ziagt scho da Nebe,
von da Höch her pfeift da gache Wind,
ja warum grad vergeht denn
die Schönheit so gschwind.

Kathi Greinsberger
Bayerisches Volkslied

Linke Seite: Roßsteinalm

Stotzenkas und Almbutter (Topfenkäse, typischer Käse auf den Almen)

Küche und Herd in der Alm

Bergwasser und Senner auf der Alm im Demmeljoch-
gebiet

Rechte Seite: Der Weg zum Lerchkogel mit Kapelle, hier
ist das Almgebiet der Gaißacher und Lenggrieser Bauern

Die Sennerin vom „Christof“ aus Lenggries geht schon 17 Jahre auf die Rauhalm

Rechte Seite: Blick vom Lerchkogel zum Lerchkogel-hochleger, Östliches und Westliches Torjoch. Stierjoch und Schafreuter. Am Bergkamm verläuft die Grenze nach Tirol

Linke Seite: Winter im Isarwinkel

Stille Rast am Demmeljoch

Zu den Autoren

Die gebürtige Tölzerin Barbara Schwarz begeisterte sich früh für die Geschichte, Kultur und Natur ihrer Heimat. Gelebtes Brauchtum war in ihrer Familie eine Herzensangelegenheit. Schon seit jungen Jahren ist sie mit dem Rad und zu Fuß in den entlegensten Ecken des Isarwinkels unterwegs.
Seitdem hält sie auch die Schönheit der Landschaft sowie die Bewohner und ihre Lebensumstände fotografisch fest. Heute kennt Barbara Schwarz den Isarwinkel in all seinen Facetten und kann auf einen reichen Schatz an Bildmaterial zurückgreifen.
Gregor Schwarz, der diese Begeisterung für das Tölzer Land teilt, ergänzte den Band durch Bilder, die auf seinen Bergtouren im Isarwinkel entstanden sind. Weiter wirkte er unterstützend an der Entwicklung des Konzeptes und der Textgestaltung mit.
Alois Ostler, Wackersberg, ist Redakteur des Tölzer Kuriers.

Danksagung

Herzlichen Dank möchten wir Anna Wipplinger, Karl Floßmann und Heribert Zintl für die Prüfung der Texte aussprechen. Weiter danken wir besonders unserem Lektor Roland Hoffmann und unserem Verleger Michael Volk für die konstruktive Zusammenarbeit.
Die Autoren

Literatur- und Quellenverzeichnis

Appel, Dieter: Auf Bike und Steig zu fernen Gipfeln. 20 Kombinierte Rad-und Wandertouren, München, 2008.
Böhm, Anton: Fall. Das Dorf und der Speicher. Zum 50-jährigen Kirchweihjubiläum, Rottach Egern, 2008.
Böhm, Anton: Fall. Das versunkene Dorf, Rottach Egern, 2003.
Bonk, Sigmund / Schmid, Peter: Bayern unter den Römern, Regensburg, 2009.
Brenninger, Georg: Die Kirchen der Pfarrei Bad Tölz, Regensburg, 1995.
Dilger, M. Petra / Mayer, M. Angela / Zimmermann, Josef: Kloster Reutberg, Regensburg, 1996.
Frei, Walter / Schwarz, Barbara: Bad Tölz, Straßen Plätze Menschen, Bad Tölz, 2003.
Gemeinde Gaißach: Ein Dorf im Isarwinkel. Die Zeit bis 1950 in Bildern, Horb am Neckar, 2004.
Gemeinde Lenggries: Lenggries. Ein Streifzug durch Vergangenheit und Gegenwart, Bozen, 1989.
Gudelius, Jost: Die Jachenau, Gemeinde Jachenau, 2008.
Hildmann, Andreas / Krug, Klaus / Sperl, K. Eberhard: Die Evangelische Johanneskirche zu Bad Tölz, Lindenberg, 2005.
Höger, Andreas: Bad Tölz-Wolfratshausen, Geretsried, 2008.
Hösch, Karin: Gaißach. St. Michael, Passau, 1996.
Hoysl, Franz Carl: Tölzer Land an Isar und Loisach, München, 1997.
Kment, Kurt: Wanderungen in der Erdgeschichte (16) Von Bad Tölz zur Isarquelle, München, 2004.
Lang, Daniel: Nicht auf der Rasenkante gehen. Die Familie Mann und ihr Landhaus in Bad Tölz 1908-1917, München, 2007.
Lemp, Richard: Ludwig Thoma. Bilder, Dokumente, Materialien zu Leben und Werk, München, 1984.
Löbl-Schreyer: Bad Tölz, Bad Tölz, 1981.
Magerl, Christian / Rabe, Detlev: Die Isar. Wildfluss in der Kulturlandschaft, Vilsbiburg, 1999.
Mann, Klaus: Der Wendepunkt, Reinbek, 1984.
Mann, Klaus: Kind dieser Zeit, Reinbek, 2000.
Meyer, Rolf K.F. / Schmidt-Kaler, Hermann: Wanderungen in der Erdgeschichte (8). Auf den Spuren der Eiszeit südlich von München, München, 1997.
Paula, Georg / Wegener-Hüssen, Angelika: Denkmäler in Bayern, BLD, München, 1994.
Schalkhauser, Fritz: Moorexkursion, Linden, 1996.
Tworek, Elisabeth: Spaziergänge durchs Alpenvorland der Literaten und Künstler, Zürich / Hamburg, 2004.
Westermayer, Georg: Chronik der Burg und des Marktes Tölz, Bad Tölz, 1976.
Winner, Erich: Der Sylvensteinspeicher, Wasserwirtschaftsamt Weilheim, 2001.
Wisskirchen, Hans: Die Familie Mann, Reinbek, 2000.

Bildnachweis

Böhm, Anton S. 32, 35 rechts, 36 links, 38, 39
Burkhard, Sigl S. 84, 88, 93, 154, 179
Evang. Johanneskirche S. 74
Frei, Walter S. 56, 66
Hake, Martin S. 61
Hofstetter, Sigrid S. 14, 15, 16
Hüttner, Friedl / Lutz, Hans S. 65
Kloiber, Sepp / Schnablerverein Gaißach S.163
LVA, Herr Pietsch S. 51
Marionettentheater, Albert Maly Motta S. 73
Monacensia. Literaturarchiv und Bibliothek München S. 24, 28 rechts, 108 links / rechts (Em F 267), 109 (Em F 170)
Morlock, Maria S. 55, 64, 61, 80
Schmied, Marlies S.198
Stadtarchiv Bad Tölz, Sebastian Lindmeyr S.2, 3
Wittreich, Marie Luise S. 52, 59, 114
Zantl, sen. Maria S. 58, 60, 83, 100, 110

Alle restlichen Bilder stammen von Barbara und Gregor Schwarz